LA MORT PORTE DE LA VIE

Les photographies du
cahier hors texte sont de
Mal WARSHAW

ELISABETH KÜBLER-ROSS

LA MORT PORTE DE LA VIE

traduit de l'américain
par Étienne Menanteau

Le Rocher
Traditions et Conscience

ÉDITIONS DU ROCHER

*Jean-Paul Bertrand
Éditeur*

Du même auteur
aux Éditions du Rocher

La Mort dernière étape de la croissance

La Mort est un nouveau soleil

Vivre avec la mort et les mourants

La Mort et l'enfant

titre original
Working it through

ISBN 226801035-X

Avant-propos

Pour m'être occupée, à titre individuel, de quantité de malades en phase terminale dans les hôpitaux, j'en ai conclu au bout de quelques années à la nécessité de mener au contraire un travail de groupe, une semaine durant, en dehors de tout cadre institutionnel. De là sont nés, en 1970, ces ateliers sur « La Vie, la Mort et le Passage », destinés à tous ceux qui sont confrontés, d'une manière ou d'une autre, à la mort — malades condamnés, personnes en deuil, ou bien médecins, infirmières, prêtres, pasteurs et religieuses qui assistent les mourants. C'est ainsi que nous nous retrouvons, du lundi au vendredi, pour parler de nos peurs, de nos angoisses, et d'abord et avant tout d'amour... Nous voilà au cœur du sujet.

Depuis leur création, aux Etats-Unis, ces ateliers ont essaimé de par le monde, en Europe, en Australie, en Nouvelle-Zélande... On y retrouve des gens de tous les milieux, de toutes les origines, de toutes les confessions et aussi de tous les âges (de 11 à 104 ans !), venus parler de la mort et de leur manière de réagir face à elle.

Avec le temps, leur objectif s'est élargi. Certains ateliers sont maintenant plus particulièrement réservés aux enfants et aux adolescents victimes de sévices, d'autres aux femmes...

Le SIDA a bouleversé les cartes. Il y a en ce moment un énorme travail à faire auprès des malades, de leur entourage et du personnel soignant. Il en sera ainsi tant qu'on n'aura pas trouvé remède à cette affreuse maladie.

Et si l'on n'a pas les moyens de venir nous voir? Afin d'éviter justement toute discrimination sociale et de permettre à chacun, quels que soient ses revenus, de se joindre à nous, j'ai créé une sorte de fond d'entraide, alimenté essentiellement par le produit de la vente aux enchères... des écharpes que je tricote lors de mes déplacements en avion! Oui. Chaque écharpe vendue permet de couvrir les frais d'inscription d'au moins un grand malade — lequel va ensuite la porter avec lui jusqu'au bout; après quoi elle passe dans les mains de quelqu'un d'autre, et ainsi de suite, assurant de la sorte la continuité entre le présent et le futur...

Cela dit, tout le monde ne réagit pas pareil. Si certains brûlent de se confier, d'autres en revanche sont paralysés par la timidité. D'où la nécessité de ces séances dites «privées», où, en tête à tête avec moi ou avec l'un de mes assistants, ils parviennent à surmonter leurs inhibitions et à dire tout ce qu'ils ont sur le cœur.

De quoi nous parlent en effet tous ces gens, sinon de douleur, d'angoisse, de révolte et de désespoir, d'amour et de désir de pardonner? Lit-on d'ailleurs autre chose sur leur visage? Je vous renvoie à ce sujet aux superbes photographies de mon ami Mal Warshaw. Mais celles-ci ne témoignent-t-elles pas aussi de la force, du courage, de la foi en la vie et de l'aptitude à vaincre le pire qui existent en tout être humain?

Pourquoi, me direz-vous, faire reparaître ce livre? Parce que je crois qu'il peut aider à une salutaire prise de conscience, notamment chez ceux qui n'en ont plus pour longtemps à vivre, et qui seront alors, je l'espère, amenés à se demander: «Qui dois-je remercier?», «A qui présenter mes excuses?», «Après qui en ai-je?», «Envers qui éprouvé-je des remords?», «Qui est-ce que j'aime? (même si je ne le montre pas)»... C'est à ce prix seulement que l'on peut retrouver le calme et l'harmonie, et redécouvrir toute la richesse de l'existence. Dès lors que l'on s'est réconcilié avec soi-même, il est facile d'accepter les autres. La paix ne pourra jamais régner dans le monde que si chacun trouve d'abord en lui-même la sérénité...

Elizabeth KÜBLER-ROSS

Préface

Il gelait à pierre fendre, ce matin-là... J'ai pourtant fait toute la route de New York à Chicago, en plein mois de janvier, pour montrer des photographies à Elizabeth Kübler-Ross. Je venais en effet de perdre plusieurs personnes dans mon entourage, et cela m'avait incité à consacrer un reportage à un cancéreux en phase terminale. Au téléphone, Elizabeth s'était dite intéressée. Ce sera le début d'une longue amitié et d'une étroite collaboration, concrétisées par ce second ouvrage entrepris en commun.

Dans ce livre particulièrement éclairant, la photographie, je le crois, aide à faire ressentir ce qui se passe et ce que l'on vit vraiment là-bas.

L'émotion ne dure qu'un temps — souvent très bref. Le photographe, lui, fixe sur la pellicule une expression fugitive, dans toute sa densité et dans toute sa complexité, ce qui justement permet ensuite un travail d'analyse.

Reste qu'on peut très bien, par exemple, découper la scène en une série de clichés, pour montrer la progression dramatique. Je ne m'en suis pas privé...

Cela étant, je me dois de préciser que toutes ces photos ont été réalisées sur le vif, et de la manière la plus discrète possible, c'est-à-dire sans flash ni éclairage artificiel. Je faisais partie du groupe ; on m'avait accepté ; je ne voulais pas déranger...

Je dédie ce travail à tous ceux qui m'ont aidé à le réaliser. D'abord à Elizabeth Kübler-Ross, qui en est l'inspiratrice ; puis à tous mes amis de Shanti Nilaya (avec une mention spéciale pour Kathy Sullivan), et enfin à mon épouse, dont la sagesse et la clairvoyance m'ont puissamment aidé.

Mal WARSHAW

Remerciements

Moi qui prêche l'indulgence, je tiens tout d'abord à remercier J. et M. de m'avoir offert, trois ans durant, leur précieux concours.

J'exprime également toute ma gratitude à Mal, qui m'a fidèlement épaulée ; à Sheila et à Tom, qui m'ont apporté un soutien sans faille; à Linda et à Lynn, qui ont assuré la permanence à Shanti Nilaya lors de mes déplacements, et à tous ceux en général qui ont fait l'effort de venir nous voir et de participer à cette aventure. Merci enfin à la Divine Providence, sans laquelle rien de tout cela n'aurait été possible.

Elizabeth KÜBLER-ROSS

I

David

Voilà un livre qui, si l'on veut, commence par la fin.

Il débute en effet sur l'histoire de David, et j'y cède la parole à quelqu'un d'autre. Disons qu'au départ, quand on m'a demandé d'écrire sur les centaines d'ateliers que j'ai animés dans le monde depuis dix ans, je ne savais pas trop par où m'y prendre. Mais j'ai vite compris qu'il me fallait inverser l'ordre chronologique, et donc commencer par la fin, en m'appuyant sur des résultats concrets, au lieu de vouloir tout de suite retracer la genèse et le déroulement de ces stages sur « La Vie, la Mort et le Passage ».

D'entrée de jeu, donc, je dresse le bilan de toute cette aventure, en montrant, par l'exemple de David, comment l'on peut s'éteindre en paix. La fin, dit-on, n'est qu'un commencement à rebours. Cela ne s'est sans doute jamais autant vérifié qu'ici...

La lettre qui suit m'a été adressée par la mère de David. On saisit mieux, en la lisant, pourquoi j'ai intitulé cet ouvrage : *La mort porte de la vie.*

Le 1er mai 1979

« Chère Elizabeth,

6 heures du matin — une nouvelle journée commence. Le 1er mai ! Quand j'étais gosse, je me levais toujours aux

aurores, ce matin-là, pour aller cueillir des violettes et des primevères qui servaient à décorer les corbeilles de friandises que je déposais ensuite devant la porte de mes amies... Mais ne remontons pas si loin. Je ne suis pas là pour vous parler de ça. Vous vous demandez ce que cet atelier nous a apporté. Ah ! Elizabeth, si vous saviez ! Cela nous a fait découvrir un monde entièrement nouveau, où chacun a sa place et tout l'amour qu'il mérite — voilà ce que je dirai !... Seulement, ça m'oblige à me remémorer une époque affreuse de mon existence, et rien que d'y penser j'en suis malade. J'aimerais tellement mieux parler du mariage de Val, le mois prochain, et de la fête qui doit se tenir dans le jardin ! David et Brad sont superbes, avec leurs costumes flambant neufs ! Dave, lui, répète consciencieusement les chansons qu'il a promis d'interpréter à cette occasion. De nouveaux souvenirs qui viendront s'ajouter aux autres... Il y a tant de choses dont je n'ai pas envie de me souvenir ! Mais puisqu'il le faut... Je me suis réservé la journée entière pour vous écrire, et peu à peu, ça me revient...

— Tu t'esquintes, Maman, à vouloir absolument t'occuper de moi...

— Mais non, voyons. Tu sais bien que je t'adore... — Hélas ! il se rend compte de ma détresse. J'ai beau essayer de donner le change, il n'y a rien à faire. Pourquoi, pourquoi tout le monde me laisse-t-il tomber ? Personne ne me vient en aide ; pourquoi ? De grâce... Je vous en prie !...

Je devais avoir, ce jour-là, une longue conversation avec David. Le lendemain matin, je me suis procurée, à la bibliothèque municipale, l'adresse d'Elizabeth Kübler-Ross. Je lui ai aussitôt écrit pour lui expliquer mon drame : l'un de mes fils, David, souffre depuis des années d'une tumeur au cerveau. Après deux opérations infructueuses, il a la moitié du visage paralysé, les yeux rongés par des ulcères, il perd l'équilibre et il ne peut quasiment plus se déplacer ni remuer la main droite, et il devient sourd. Il tombe dès qu'il fait un pas, et il est bourré de médicaments. On vient d'ailleurs de diagnostiquer une nouvelle tumeur en cours de formation, et désormais ses jours sont comptés.

Ça a beau être quelqu'un d'adorable, David, doté d'une immense générosité, on le fuit, à cause de tous ses handicaps, ou bien alors on ne fait pas l'effort de le comprendre. Aussi n'a-t-il pas d'amis, et il vit tout seul dans son univers. Il s'y est résigné, et il se contente de jouer de la guitare et d'écouter de la musique dans sa chambre. Désormais, même là il se sent isolé, et de trop. L'atmosphère est si lourde, à la maison ! Fini, les rires ; les larmes maintenant coulent à flots. Oui, et le pire, c'est que mon David sera bientôt sourd, et qu'il ne pourra donc plus ni écouter sa chaîne ni jouer de la guitare. Ses derniers amis l'auront abandonné. Il a tellement lutté pour mener une existence décente et garder la tête haute ! Du coup, il me dit qu'il en a assez et qu'il a envie de jeter l'éponge...

— Cela va donc si mal, David ? Dis, qu'est-ce que je peux faire pour toi ?

— Rien du tout, Maman. Il n'y a rien à faire. C'est comme ça, il faut l'accepter, répond-il, l'œil humide ; et il me serre dans ses bras...

David ne pleure jamais. « A quoi bon ? Ce n'est pas ça qui va arranger les choses », a-t-il coutume de dire. Moi, par contre, faute d'avoir reçu des consignes expresses de sa part, je pleurniche tout le temps...

En allant poster ma lettre, je priais le ciel qu'elle parvienne à bonne fin. J'avais fait tout ce qui était humainement possible ; notre sort reposait désormais dans les mains du Seigneur. Elizabeth Kübler-Ross n'était chez elle qu'un jour par semaine, et elle devait recevoir des tonnes de courrier. Contre toute attente, elle allait me répondre sous quinzaine...

En janvier 1978, nous avons participé, Dave et moi, à notre premier atelier à Shanti Nilaya *. Notre fille avait la grippe ; l'aéroport de Chicago était fermé, à cause de la neige. Mais nous étions attendus, et nous nous sommes débrouillés pour arriver à temps. Pendant cinq jours, 46 personnes ont parlé ouvertement de leurs drames et de leurs souffrances. Nous avons ri, chanté, mangé ensemble ; nous avons parlé de ce qui nous révoltait, de ce qui nous tourmentait, et de ce qui nous culpabilisait. Nous avons appris à pardonner aux autres, comme à

* Il s'agit de notre centre à Escondido, en Californie. J'y reviendrai plus tard.

nous-mêmes. Nous étions tous au coude à coude, unis, solidaires...

Personnellement, j'ai évoqué mes erreurs passées, dont David a tant pâti. J'ai dit combien je m'en voulais d'avoir, à l'époque, placé une confiance aveugle dans les médecins et les soi-disant « experts ». J'ai avoué ma détresse d'entendre mon fils déclarer que, pour lui, la vie n'avait plus de sens, et mon angoisse de me retrouver seule avec lui, privé de musique. J'ai admis que je me sentais complètement désemparée, et incapable de lui apporter un réconfort quelconque, lors même qu'il n'y avait plus d'espoir...

Après avoir eu le privilège de participer à deux ateliers, j'ai tenu à en faire profiter directement David. J'ai donc à nouveau écrit à Elizabeth Kübler-Ross. Cette fois, elle mettra plusieurs mois à me répondre. Mais en août, un vendredi exactement, elle m'a proposé, par téléphone, de venir le lundi suivant à Shanti Nilaya avec David. J'ai bien entendu sauté sur l'occasion, sans même songer à la difficulté d'organiser ce voyage en à peine trois jours, ni au risque que je faisais courir à mon fils en l'emmenant, contre l'avis de son médecin, et apparemment contre toute sagesse, à 3 000 kilomètres de là. Mais nécessité fait force de loi...

Là-bas, David ne passera pas inaperçu. Le premier jour, au petit déjeuner, il fera même carrément sensation. Il faut dire qu'il est si impressionnant, avec son mètre quatre-vingt-dix, sa barbe rousse et ses cheveux à l'afro ! Et puis, il a toute une moitié du visage paralysée, un œil mi-clos, une démarche hésitante, et il n'entend presque plus... Evidemment, ça crée toujours un certain malaise. Mais heureusement, les autres vont très vite l'adopter.

J'ai alors poussé un ouf de soulagement. C'est qu'au départ je ne savais pas du tout comment il allait réagir au milieu de tous ces gens, lui qui était pratiquement sourd et donc incapable de tenir une conversation normale. A défaut, je m'efforcerais de lui résumer par écrit les propos de chacun. Et voilà que... miracle ! il va tout de suite se prêter au jeu et s'impliquer immédiatement dans le groupe. « Je m'appelle David, déclare-t-il en guise d'introduction, et j'ai besoin d'aide. » Le lundi, pendant les récréations, je le verrai loucher vers la piscine, et ça me serrera le cœur ; il aimait tant nager, autrefois ! Or, dès le lendemain, deux messieurs l'emmèneront se baigner — pour la première fois depuis deux ans ! Le jeudi suivant, David me confie :

— Elizabeth doit s'occuper de tellement de monde qu'elle n'aura sans doute guère de temps à me consacrer. Mais je voudrais quand même lui dire que j'ai du mal à prier.

Il espérait que John, le prêtre, l'aiderait, « car lui, il devait savoir s'y prendre »...

— Je n'arrive pas à prier, déclare donc en public David.

— Pour quelle raison exactement veux-tu prier ? demande en retour John, par écrit.

— Pour me rapprocher de Dieu.

— Quand nous nous aimons les uns les autres, nous sommes en contact avec le Divin. A l'heure actuelle, par exemple, nous sommes en train de prier... explique John.

Le silence retombe dans la pièce. Puis, d'un seul coup, tout le monde se précipite vers David pour l'embrasser. David est avec Dieu ! Il est transporté de joie et d'allégresse. Pour beaucoup, ce sera alors la révélation que Dieu est amour, et David nous apparaîtra comme un don du Ciel...

Nous sommes rentrés à la maison. En septembre, la grand-mère de David, atteinte elle aussi d'un cancer, se trouvait aux dernières extrémités. David était resté en contact étroit avec elle, et il lui écrivait régulièrement. Il gardait à son intention une chaînette avec une croix, qu'à sa demande nous sommes allés, Dave et moi, lui remettre, avec un petit mot tout simple qui disait : « Aime-la comme j'aime la mienne. Ton cœur s'ouvrira au monde qui t'attend. » La vieille dame s'éteindra en paix le 25 septembre...

David déborde toujours de tendresse et d'affection. Il se dévoue sans compter pour son camarade de chambre, lequel, le malheureux, est totalement paralysé, et ne peut ni lire ni écrire. Il règne vraiment entre eux une complicité merveilleuse...

Au mois de mars de cette année-là, on me demanda d'expliquer devant des lycéens de terminale ce qui se passe quand, dans une famille, quelqu'un est atteint d'un mal incurable, ce que ressentent les autres, comment ils réagissent, et en quoi ces ateliers peuvent les aider alors à tenir le coup et à passer le cap sans dommage. Vaste programme. Un an plus tôt, je me serais lâchement défilée, ou bien alors il aurait fallu que Dave m'y traîne de force. Mais là, non ; je vais sauter dans ma voiture et effectuer tout le trajet sous une tempête de neige, et au milieu des embouteillages de surcroît, sans éprouver l'ombre d'une hésitation. Le but de ces ateliers n'est-il pas, précisément, de nous libérer de nos craintes et de nous ouvrir aux autres ? Je tenais absolument à faire comprendre à ces jeunes que, même à la veille de mourir, et quel que soit son état physique, on peut, et on doit, profiter à fond de la vie. Aussi leur ai-je longuement parlé de nos retraites, de ce qui se dégage de ces réunions, et j'ai répondu à mille questions. Pour moi, cela restera une expérience inoubliable...

Nous voyons David le mercredi, le vendredi, et le samedi. Il vient à la maison pour les fêtes, les anniversaires, et pour les grandes occasions, comme Noël ou Pâques. Dans la mesure du possible, il prend des cours dans une école spécialisée et il participe aux activités d'un centre protégé. Désormais, il est complètement sourd, et il ne voit plus que d'un œil. Mais il ne veut plus subir aucune opération, et nous le comprenons. Certes, avec lui on est obligé de communiquer par signes, ou en se passant des petits mots. Mais rien ne vaut la tendresse, et le mieux est encore de se serrer dans les bras l'un de l'autre — et Dieu sait que nous ne nous en privons pas ! Oh, bien sûr, ce n'est pas facile tous les jours, et nous avons souvent le cœur gros. Mais enfin, cela ne nous empêche pas non plus de rire, de nous aimer, et de profiter de chaque jour que Dieu nous donne. L'amour sera éternellement avec nous !

Nous avons énormément appris, Dave et moi, au contact des personnes qui ont un frère ou une sœur atteint d'une maladie incurable. Eux aussi souffrent de la situation. Ils ont tendance à se sentir négligés, ou ignorés, ce qui tout à la fois les aigrit et les culpabilise. Force a été de nous rendre à l'évidence, et d'admettre qu'à notre humble niveau on ne pouvait pas tout concilier, et qu'il fallait aussi penser à nous et à nos trois autres enfants. Alors seulement, nous avons pu, malgré tout ce qu'il nous en coûtait, nous résoudre à placer David en maison de santé...

Finalement, cet atelier restera, pour Dave et moi, l'une des expériences les plus enrichissantes et les plus heureuses qu'il nous ait été donné de vivre en trente-cinq ans de mariage.

En février, Elizabeth a demandé à voir David une nouvelle fois. « Elle m'a remonté le moral ; elle m'a permis de retrouver la paix », conclura-t-il par la suite. »

La mère de David assistera, seule, à un dernier atelier, en 1981. Voilà ce qu'elle en dit :

« 6 heures du matin. Aujourd'hui, 9 mai, c'est l'anniversaire de ma mère. Elle est morte en 1974, trois semaines avant que David ne subisse sa première opération. Le chagrin, trop longtemps refoulé, m'oppresse toujours, et c'est l'une des raisons qui m'ont poussée à revenir à Shanti Nilaya. Toutes ces épreuves ont fini par rejaillir sur ma santé et sur mon équilibre psychologique. Dehors, la vie poursuivait son cours, comme si de rien n'était ; mais moi, j'avais l'impression de me battre toute seule, le dos au mur. Dans pareil cas, on cherche à se préserver, et on se replie sur soi. Bref, je sentais que j'étais sur le point de craquer. Voilà pourquoi j'ai tant insisté auprès d'Elizabeth Kübler-Ross pour participer au prochain atelier, pourtant déjà complet. De guerre lasse, elle a fini par céder...

Là-bas, le couvercle va sauter, et ça va être le grand défoulement. Tout va sortir. Je vais crier ma révolte devant cette situation inhumaine, dénoncer la passivité de mon entourage, fustiger ma propre lâcheté, prendre le Ciel à témoin et le maudire de me laisser tomber — et cela devant plus de 70 personnes, dont une dizaine de pasteurs ou de prêtres ! Mais ce faisant, je vais vider une fois pour toutes l'abcès, et me libérer de mes angoisses et de mes peurs...

En décembre 1980, David réchappera de justesse à une vilaine pneumonie. Comme sa présence nous était indispensable, nous le garderons plus longtemps que prévu à la maison. Il mourra au printemps de l'année suivante, le 7 mai 1981. Nous serons tous à ses côtés, et, Dieu soit loué, nous l'accompagnerons alors, sans crainte, désespoir ou remords, dans ses derniers moments. Il s'éteindra paisiblement, au milieu de ceux qui l'aimaient...

Quand il était petit, David grimpait sur notre lit tous les matins. « Je voudrais te dire un secret, Maman : je t'aime de tout mon coeur », déclarait-il. Il a toujours été si affectueux ! La tendresse et la générosité mêmes. Nous avons eu le privilège d'être ses parents, oui, et ça a été terrible quand le Seigneur nous l'a repris... »

J'aimerais maintenant ajouter un petit post-scriptum à l'histoire de David, telle que sa mère vient de nous la résumer. Je ferai tout d'abord remarquer qu'à l'époque les médecins s'opposaient formellement à ce qu'il vienne nous voir à Shanti Nilaya, sous prétexte qu'il ne supporterait pas le voyage. Fort heureusement, sa mère passera outre et David l'accompagnera chez nous. Ce sera la première et la dernière fois qu'il se retrouvera seul avec elle, et il pourra alors mesurer combien elle l'aimait, et quelle était sa détresse...

A noter aussi que la mère de David, du fait qu'elle se reprochait de n'avoir pas su le comprendre autrefois, avait une fâcheuse tendance à le couver et l'étouffer. Il ne pouvait pas faire un pas sans elle ; elle était toujours sur ses talons, dans les réunions, elle s'asseyait systématiquement à côté de lui... Nous allons alors voir David conquérir petit à petit son indépendance, et s'affirmer comme un adulte libre et responsable, pour leur plus grand profit à tous les deux...

Je ne serai pas peu fière de lui, le jour — en fait, quarante-huit heures à peine après son arrivée — où il demandera à se baigner dans la piscine, lui qui nageait avant comme un poisson ! Porté par deux de ses compagnons, notre David barbotera et s'en donnera à cœur joie pendant une heure dans l'eau, son élément de prédilection. Et ce qui aurait pu passer pour de la folie pure, faire prendre un bain à un cancéreux en phase terminale, prendra ici une signification quasiment mystique, et ce sera pour nous tous un moment d'intense émotion...

Son départ va me bouleverser. Il nous avait tellement apporté ! Nous nous quitterons sur une longue accolade silencieuse, à travers laquelle je tenterai de lui exprimer toute ma gratitude. Il s'était prêté, sans jamais se plaindre, à une semaine de travail intensif, il nous avait ouvert son cœur et parlé sans détour de son drame et de son désespoir, et enfin, il nous avait appris à rester à l'écoute de notre prochain, quand bien même il aurait du mal à s'exprimer et serait parfois presque inaudible...

II

Les premiers ateliers

C'est à l'université de Chicago que j'ai animé les premiers séminaires interdisciplinaires consacrés aux malades terminaux. Par la suite, j'ai participé à toutes sortes d'émissions de radio, et j'ai donné une foule de conférences, initialement destinées aux puéricultrices, aux gens travaillant dans les maisons de repos, au personnel des entreprises de pompes funèbres, etc., mais qui ont très vite conquis une audience beaucoup plus vaste.

Il n'empêche. J'avais beau parcourir plus de 500 000 kilomètres par an, et prendre la parole chaque semaine devant plus de 15 000 personnes en moyenne, je ne faisais qu'effleurer le sujet. J'évoquais le lent processus qui conduit à la mort, le drame que vivent les malades, les angoisses et les bloquages auxquels sont confrontés leurs proches, tout comme les médecins ou infirmières — ce qui, soit dit en passant, n'arrange pas les choses. Mais ce monologue montrait ses limites ; je me contentais de tourner autour du pot...

Aussi, en 1970, ai-je décidé de changer de tactique, et l'idée m'est venue de réunir des gens pendant une semaine entière, de manière à entreprendre avec eux un travail en profondeur et dépasser ainsi le stade des simples discussions.

L'atelier de l'Indiana

J'ai choisi au hasard une soixantaine de noms dans la liste d'attente. Nous nous sommes retirés pendant cinq jours à la campagne, dans un endroit charmant de l'Indiana, pour parler sans détour de notre expérience de la vie et de la mort. J'avais avec moi des infirmières, des ecclésiastiques de diverses confessions, deux dirigeants d'entreprise de pompes funèbres, un médecin, plusieurs malades terminaux, des gens travaillant dans le milieu hospitalier, et plusieurs personnes qui venaient de perdre l'un des leurs, emporté par la maladie...

Nous ne nous étions fixé ni programme ni horaire particulier. Pour notre prise de contact, le premier jour, après le petit déjeuner, nous avons commencé par chanter en chœur, avec un accompagnement de guitare. Puis, après un moment de silence et de méditation, j'ai évoqué, en guise d'introduction, le cas de ces gens qui, après avoir subi des examens de laboratoire, attendent avec impatience et angoisse de savoir s'ils sont, oui ou non, atteints d'une maladie incurable. On ne leur dit pas toujours la vérité ; certains veulent à tout prix la connaître, quand d'autres préfèrent ignorer la gravité de leur état...

Parlant en son nom propre, l'un des malades présents, une dame, a spontanément déploré qu'à ce stade on ne se soit pas montré honnête avec elle. D'autres, au contraire, ont regretté d'avoir été brutalement placés devant la réalité, alors que manifestement ils n'y étaient pas prêts. Bref, il s'est tout de suite engagé sur ce thème une discussion passionnée, bouleversante, et aussi extrêmement positive...

Sans donc suivre de ligne précise, nous avons opéré, en l'espace d'une semaine, une démarche analogue à celle des malades condamnés, qui finissent à la longue par accepter de regarder la vérité en face, et par se résigner à mourir. Le premier jour, nous avons parlé de nos dérobades, de notre refus de prendre en compte la réalité et de nous rendre à l'évidence, de notre lâcheté, de notre malhonnêteté, et de l'hypocrisie, ou du sadisme, de notre entourage... Nous, c'est-à-dire des malades, des personnes qui en avaient un dans leur famille ou dans leur entourage, tous ceux, bref, que j'avais choisis, au hasard, pour participer à ce premier atelier...

Le lendemain matin, les gens s'en sont, d'une manière générale, pris aux médecins, accusés de tous les maux et qui portaient, selon eux, l'entière responsabilité de ce qui était arrivé. Ils s'apercevront, au fil des heures, que ce n'est pas en cherchant un bouc émissaire que l'on résout ses problèmes, et qu'il leur fallait d'abord cesser de généraliser et de projeter systématiquement sur les autres leur propre révolte ou leur sentiment de culpabilité...

Le mercredi, bien des chagrins s'étaient déversés, bien des larmes avaient coulé... Mais le fait d'entamer tous les soirs la dernière séance en chantant tous ensemble cimentait l'unité du groupe, et cela donnait à chacun le courage de continuer.

Barbara

La benjamine de cet atelier n'était autre que ma propre fille, âgée alors de huit ans. Cela non plus n'était pas prévu. Comme il avait énormément neigé l'hiver précédent, on avait avancé d'une semaine les vacances de Noël. Les enfants ont eu le choix de m'accompagner, ou bien de rester seuls à la maison pendant cinq jours — ce qui ne leur était encore jamais arrivé. Mon fils de onze ans a préféré demeurer avec ses amis, et seule Barbara a décidé de me suivre dans cette aventure. Elle restait la plupart du temps auprès des deux personnes qu'elle connaissait déjà, Sheryl et Vicki. La première, musicothérapeute, s'occupe de petits malades condamnés, et la seconde, une fille formidable, est infirmière dans l'Indiana. Pour l'une comme pour l'autre, l'agonie et la mort des enfants est une réalité quotidienne...

C'était vraiment merveilleux de voir une gamine de huit ans prendre une part active à un atelier où régnait une telle tension émotionnelle, sans jamais manifester le moindre signe d'ennui ou de lassitude, même si les séances du soir se prolongeaient souvent à une heure tardive... Elle profitait des pauses pour sortir se dégourdir les jambes, et aussi pour se confier, à Sheryl notamment. Autrement, elle participait à toutes nos discussions, témoignant d'une sagesse et d'une maturité étonnantes pour son âge...

Pour moi, ça aura été une grande leçon. Mes enfants, à l'évidence, n'ignoraient rien de mon travail. Quel bonheur de constater que je ne me contentais pas de prêcher dans le vide, mais que mes paroles et mes actes rejaillissaient directement sur ma vie de famille, sans qu'il soit besoin d'expliciter !...

Un jeune pasteur effondré

L'une des interventions les plus marquantes de cette semaine restera celle d'un jeune pasteur de l'Indiana, un beau brun au physique insolent, qui aurait pu aisément figurer dans un magazine de mode. Tout le monde l'adorait ; les femmes, surtout, étaient folles de lui. Mais Dieu qu'il était crispé ! Complètement inhibé, le pauvre, il ne disait pas un mot, et il avait l'air incapable de communiquer. On le sentait tellement malheureux ! Ça me serrait le cœur... Ce voyant, j'ai pris les devants, et, dès le mercredi matin, je l'ai invité sans autre forme de procès à mettre les choses au point et à nous dire ouvertement ce qui le faisait tant souffrir. La larme à l'œil, d'une voix chevrotante, il s'exécuta et consentit à nous livrer son secret. Une histoire tragique et banale : sa femme l'avait quitté en emmenant avec elle les enfants.

Le pire, nous disait-il, c'est qu'il n'avait même pas eu le temps de leur dire au revoir, tant la séparation avait été rapide. J'ai alors compris la grande sagesse de l'Eglise catholique, qui interdit à ses prêtres de se marier... Quelle horreur ! Songez : lui, un pasteur censé donner l'exemple à ses ouailles, il se retrouvait seul, délaissé, et privé de ses gosses...

Qui n'aurait compati à sa douleur ? Comme tout le monde j'étais bouleversée. Pourtant, je trouvais bizarre que la rupture ait été aussi brutale, et qu'il n'ait pas pu s'entretenir, ne fût-ce que quelques instants, avec ses enfants. Quand je lui en ai fait la remarque, il m'est apparu, à mon grand étonnement, qu'il n'avait pas la moindre idée de ce que des gosses pouvaient penser ou ressentir en pareil cas. Du même coup, ça le culpabilisait, et il regrettait maintenant d'avoir tout sacrifié à son sacerdoce...

Et s'il allait les chercher? Après tout, ils n'habitaient pas loin, et, de mon côté, je ne demandais qu'à les inclure dans notre groupe, au même titre que Barbara. Il pourrait ainsi leur donner l'occasion de leur montrer combien il les aimait. Les gosses, de leur côté, n'oublieraient pas, même s'ils devaient ensuite revenir chez leur mère...

On m'a appelé, et je l'ai quitté un instant. A mon retour, il avait disparu. Sur le moment, je n'y ai pas prêté attention. Mais le soir, il n'a pas assisté à notre réunion. Or, ne voilà-t-il pas que je le retrouve, le lendemain matin, au petit déjeuner, en train de faire sauter les gamins sur ses genoux!

Les gosses assisteront à toutes nos séances. A l'issue de ces cinq jours, notre jeune pasteur repartira radieux, et sûr désormais que, quoi qu'il arrive, ses enfants resteraient à jamais marqués par ce qu'ils venaient de vivre...

Quelques mois plus tard, il m'a annoncé au téléphone que — miracle! — on lui confiait, par décision de justice, la garde de ses enfants, qui avaient officiellement émis le vœu de retourner auprès de lui. Ils avaient l'air de s'aimer tellement, tous les trois, que le juge s'était senti obligé de statuer en faveur du père — fait rarissime à l'époque, en 1970...

Cela peut paraître dérisoire, comparé au drame, par exemple, de ces gens qui viennent de perdre un parent ou un enfant, mais cela ne nous en a pas moins permis d'élargir considérablement la perspective. Ces ateliers, je l'ai alors compris, devaient s'adresser à tous ceux qui souffrent, sans distinction, puisqu'il s'avérait désormais que le pire n'est pas tant de perdre quelqu'un que d'en vivre séparé...

Autre souvenir marquant de cette semaine, une scène que je dois à Barbara, ma fille. Le matin du départ, au moment de prendre congé du groupe, elle a demandé à me parler. Je lui ai répondu que nous aurions tout le temps de discuter sur la route, mais elle a insisté pour avoir sans délai un entretien en privé avec moi. Comment refuser ? Pour avoir expliqué en long et en large les jours précédents qu'il convient d'être toujours à l'écoute de son prochain, je ne pouvais pas décemment dire non. Je me suis donc esquivée par une porte dérobée et je l'ai suivie sur la colline. A ma grande surprise, elle m'a conduite à un vieux cimetière abandonné en pleine nature et envahi par les herbes. Elle s'est dirigée tout droit vers une tombe. « Voilà, m'a-t-elle dit, l'air grave, en désignant la dalle, j'aimerais savoir ce que tu en penses. » Quatre noms étaient gravés dans la pierre. Deux personnes, un adulte et un enfant, y étaient inhumées, à en juger par les dates de naissance et de décès gravées dans la pierre, et deux autres avaient en quelque sorte réservé leur place, en faisant figurer leur nom et leur date de naissance...

Imaginez ma perplexité. Après une semaine entière à discuter de la vie et de la mort avec une soixantaine de personnes, j'étais exténuée, et je n'aspirais plus qu'à rentrer à la maison et à me changer les idées. Je me suis donc contentée d'y jeter un rapide coup d'œil, et de raisonner : « Il ne faut tout de même pas exagérer. On peut très bien attendre que les gens soient morts pour inscrire leur nom sur leur tombe. » Soulagée, Barbara s'est serrée contre moi en riant. « Merci, maman. C'est tout ce que je voulais savoir », dit-elle, avant de faire demi-tour.

Sur la route, j'ai repensé à ce merveilleux langage symbolique des enfants. Voilà en effet une petite fille de huit ans qui, sans préparation aucune, se joint au dernier moment à un groupe d'adultes venus parler de la mort... Il était évident que ça l'avait troublée, et qu'elle se demandait si, de retour à Flossmoor, je ne commanderais pas moi aussi quatre pierres tombales, une pour chacun de nous, avec notre nom et notre date de naissance, en attendant celle de notre mort... A sa manière, et sans le dire explicitement, elle se demandait si l'on pouvait enfin tirer un trait là-dessus et reprendre une existence normale, ou bien si l'on devait, toute sa vie durant, se préparer à mourir...

Bien des liens se sont tissés durant ces cinq jours à Richmond, dans l'Indiana. Les malades terminaux, notamment, y ont gagné des appuis précieux. Dans l'ensemble, les autres sont restés en contact avec eux. Ils continuent à les voir, à leur écrire, à marquer le coup pour les fêtes et pour les anniversaires, et ils n'hésitent pas, le cas échéant, à venir les réconforter. De leur propre aveu, ces grands malades y ont puisé la force de tenir, quand bien même tout le monde autour d'eux céderait à la panique, ou au contraire sombrerait dans l'indifférence...

Quant à Barbara, elle a trouvé en Sheryl la grande sœur qui lui a toujours manqué. C'est une adolescente, maintenant, mais Sheryl et elle sont devenues inséparables...

L'atelier de l'Ohio

Je revois encore l'atelier de l'Ohio. Nous avions élu domicile chez des franciscaines. Conscientes que leur vaste domaine était en grande part inutilisé, les sœurs avaient décidé d'accueillir en leur sein des groupes de travail, animés de préoccupations voisines des leurs. Bordé de pelouses, le couvent de Saint-François est une propriété superbe qui s'étend sur plusieurs hectares. Seul le bâtiment central, d'aspect lugubre, jure dans le cadre. Il abrite des religieuses âgées, toutes en habit. Les pauvres ! Habituées à vivre au calme, à l'écart du monde, voilà qu'on troublait subitement leur paisible retraite et qu'il allait leur falloir subir les bruyantes démonstrations d'une soixantaine d'énergumènes, venus là tout exprès pour se défouler et pour se libérer de ce qui les oppressait!

J'essuierai, personnellement, un accueil glacial. J'étais venue en voiture avec deux sœurs, assises à l'arrière. Nous avions chanté tout au long de la route, pour ne pas nous endormir. A notre arrivée, sur le coup d'1 heure du matin, nous avons trouvé porte close ; tout le monde dormait. Nous avons frappé et tambouriné un peu partout, y compris à la fenêtre d'un prêtre chez qui il y avait encore de la lumière ; mais il s'est contenté de jeter un œil à la fenêtre... Nous avons quand même fini par faire un tel tapage qu'une vieille religieuse, mal réveillée, et visiblement furieuse d'être dérangée en pleine nuit, est venue nous ouvrir, puis nous conduire à nos chambres.

Le lendemain, au petit déjeuner, j'ai allumé machinalement une cigarette — au grand scandale d'une dizaine de vieilles nonnes, qui se sont aussitôt levées pour marquer leur désapprobation. Il était interdit de fumer !

Nouvelle douche froide un peu plus tard, quand on nous a montré la salle de réunion, une espèce de grande pièce lugubre, où des rangées de chaises pliantes faisaient face à une estrade et à un tableau... Passe encore d'y donner des conférences, mais il était totalement exclu d'y tenir des réunions comme les nôtres, où chacun se livre à fond et va jusqu'au bout de ses émotions — d'autant plus que les sœurs habitaient juste au-dessus !

Je suis allée voir la Mère Supérieure, pour lui demander de nous trouver un autre local, ce qui ne devait pas être trop difficile, vu la taille du domaine, et le nombre de bâtiments qu'il comprenait...

C'est alors que de jeunes novices, tout excitées, sont venues me proposer un marché : désireuses depuis longtemps de passer quelques jours en compagnie des « vraies » sœurs, elles offraient de nous céder pour la semaine leurs quartiers, et d'aller ainsi rejoindre les autres. Il nous faudrait seulement accepter l'exiguïté des lieux, l'atmosphère confinée, et le joyeux désordre qui y régnait. Vérification faite, elles vivaient en fait dans un cadre douillet et chaleureux, aménagé avec goût...

Restait à convaincre la Mère Supérieure. A ma grande surprise, elle a tout de suite donné son accord. Mieux, elle est venue elle-même nous apporter toute une pile de cendriers, en nous promettant de faire de son mieux pour nous faciliter la vie et rendre notre séjour agréable, étant bien entendu que l'on n'avait pas l'habitude, dans la congrégation, de recevoir des gens. Au bout du compte, malgré quelques petits accrocs au départ, cet atelier s'est déroulé dans une atmosphère extrêmement chaleureuse et positive ; pleines de bonne volonté, les sœurs étaient toujours prêtes à faire des concessions et à nous rendre service.

La présence parmi nous de deux rabbins, qui mangeaient exclusivement cacher, n'a pas manqué, par exemple, de soulever une question délicate. Comment obtenir de la Révérende Mère d'un couvent de franciscaines qu'on leur fasse livrer de la nourriture spéciale, consacrée par le Beth-Din ? Là encore, elle s'est montrée très compréhensive, et elle n'a émis aucune objection — le plus dur étant de trouver des produits adéquats dans un petit village perdu au fin fond de l'Ohio !...

Le jeudi soir, la veille de notre départ, nous étions tellement conquis pas les sœurs de Saint-François que nous les avons invitées, y compris les novices, à notre veillée devant le feu de camp. Elles seront nombreuses à nous interpréter à cette occasion un petit air — souvent de leur composition. Nous leur avons bien sûr retourné le compliment, et nous avons chanté pour les remercier de leur gentillesse, de leur générosité, et de leur absence d'a priori...

Comme nous avions prévu de concélébrer cette petite fête d'adieu par le pain et par le vin, c'est la Mère Supérieure elle-même qui s'est aperçue, au dernier moment, que nous n'avions pas de vin cacher ! Elle s'est précipitée en ville avec une autre religieuse. Par quel miracle ont-elles réussi à en dénicher à cette heure-là? Une demi-heure plus tard, elles revenaient triomphalement avec deux bouteilles de bourgogne californien, portant le cachet du Beth-Din. Nous avons bien ri en songeant à ce qu'en dirait l'aumônier, celui-là même qui nous avait laissées dehors le premier soir, si jamais il l'apprenait...

De tous les souvenirs merveilleux que je retire de cet atelier, il en est un que je n'évoque pas sans une émotion particulière. Par un effet de l'œcuménisme ambiant, transcendant les dogmes et les barrières confessionnelles, une chaste et pure idylle s'est nouée, durant ces cinq jours, entre une franciscaine et un rabbin, sous l'œil bienveillant de la communauté attendrie. Quand on partage pendant une semaine ses joies et ses peines, il se crée des liens durables. Le rabbin et la religieuse s'écrivent toujours...

Seule ombre au tableau, je n'ai appris qu'au dernier moment que tout l'étage supérieur du bâtiment central abritait de vieilles nonnes, grabataires ou impotentes, qui attendaient la mort. Je suis bien sûr tout de suite allée les voir, et elles ont découvert avec émotion la raison de ma présence ici. Si seulement je l'avais su plus tôt ! Je les aurais prises avec moi, quitte à les transporter en chaise roulante, ou sur des brancards. Il est donc significatif que, même dans un endroit comme celui-ci, où règnent l'amour et la charité, on a tendance à cacher les vieux, les malades ou les mourants, et à les reléguer dans leur coin...

Ces deux retraites de l'Indiana et de l'Ohio sont parmi les toutes premières que j'ai organisées. En raison de leur succès, je m'attacherai à répéter l'expérience, en l'étoffant. Depuis lors, les ateliers se sont multipliés par centaines, et ils réunissent des gens de tous les âges, de tous les milieux, et de toutes les confessions. Aux personnes simplement désireuses d'effectuer un travail sur elles-mêmes et de surmonter leurs problèmes quotidiens, s'ajoutent maintenant une majorité de cadres hospitaliers, de religieux, de médecins, d'infirmières, de psychologues et d'avocats...

Au départ, chacun de ces ateliers se tenait dans un endroit différent des États-Unis. Cela me permettait de toucher ainsi un maximum de gens en situation de détresse, et qui bien souvent n'avaient pas les moyens de se déplacer.

Le problème était de trouver à chaque fois un lieu qui s'y prête, c'est-à-dire suffisamment grand pour accueillir et héberger une soixantaine d'individus, doté d'un minimum de confort et à l'écart du monde (cela afin de ne déranger personne, et aussi pour que l'on ne soit pas tenté, par exemple, de sortir le soir, d'aller au cinéma ou au restaurant, etc., ce qui aurait faussé toute l'expérience).

Nous n'avons pas toujours été bien reçus. Tout dépendait en fait des gens sur qui nous tombions. Certains nous accueillaient à bras ouverts, d'autres nous adressaient à peine la parole. Quoi qu'il en soit, nous invitions toujours au moins l'un des responsables à se joindre à nous, en guise de remerciements.

Nous élisions domicile, de préférence, dans des congrégations religieuses, pour des raisons de principe et de commodité à la fois. Nous trouvions là un climat de recueillement et de sérénité propice au travail que nous voulions entreprendre, et ces établissements, en outre, avaient toujours de grands jardins, qui permettaient de tenir des réunions en plein air...

La multiplication des ateliers

Le succès aidant, ces ateliers ont fini par toucher toutes les tranches d'âge, des adolescents aux vieillards. D'ordinaire, les choses se passent ainsi : des gens, entre vingt et cinquante ans, viennent nous voir ; à la suite de quoi ils nous envoient leurs parents, lesquels payent en retour un stage à Shanti Nilaya à leurs petits-enfants. Tant et si bien qu'en un an ou deux nous voyons défiler la famille entière. De même, les gens mariés reviennent souvent nous voir l'année suivante avec leur conjoint. Puis ils passent le relais à leurs amis, et ainsi de suite. Le bouche à oreille fonctionne donc à merveille, et je n'ai jamais eu besoin de faire de publicité, au contraire.

Lorsqu'il y a eu décidément trop de monde sur la liste d'attente, j'ai résolu de passer au stade supérieur et de monter dorénavant des ateliers un peu partout dans le monde...

III

Shanti Nilaya, Havre de Paix

Il était évident que je ne pouvais plus continuer toute seule. Mes ateliers remportaient un succès croissant et la liste d'attente s'allongeait démesurément — on venait maintenant jusque d'Australie ! —, et, bien souvent, tous ces gens, surtout lorsqu'il avaient fait des milliers de kilomètres, exprimaient le désir de poursuivre la formation au-delà des cinq jours initialement prévus...

Il m'était malheureusement impossible de leur donner satisfaction. Je faisais déjà le maximum en animant, deux fois par mois, un atelier de 70 à 80 personnes. Je tombais de fatigue, j'étais littéralement exténuée...

Je me souviens, par exemple, de notre dernier soir à Santa Barbara. Comme toujours, la veille du départ, on avait organisé une petite fête, à laquelle, hélas ! je n'ai pas pu participer, étant retenue au chevet de grands malades... Les autres sont donc allés s'amuser, chanter et danser sans moi.

Je n'ai pourtant regagné ma chambre qu'à 5 heures du matin. J'étais sur les genoux. Il me fallait absolument dormir une heure ou deux, afin de pouvoir animer l'ultime réunion du lendemain matin. A peine commençais-je à m'assoupir qu'une infirmière a fait irruption dans ma chambre, pour, dit-elle, fêter son anniversaire en regardant avec moi le jour se lever. J'ignorais, lui dis-je, que c'était son anniversaire. Elle m'a répondu qu'elle s'était mal exprimée, qu'il s'agissait plutôt pour elle d'une renaissance, d'un nouveau départ dans la vie...

Libre à elle, lui dis-je, de regarder poindre l'aube depuis ma chambre si ça lui chantait, mais à condition de me laisser dormir, car je n'en pouvais plus. Marché conclu. Elle s'est donc installée devant la fenêtre, et j'ai refermé les yeux. J'ai alors sombré dans un sommeil profond, proche de la transe, qui a induit ma première expérience extra-sensorielle. Tout d'un coup, en effet, je me suis sentie quitter mon corps. C'était un peu comme si, brusquement, on me faisait subir une révision générale et que l'on me démontait de partout, pour régler ou remplacer les pièces défectueuses. Mais le plus étrange, c'est que je n'avais pas peur, et que j'étais sûre au contraire que cela me remettrait d'aplomb et que ça me redonnerait la force de continuer.

De fait, deux heures plus tard, à peine, je me suis réveillée en sursaut et j'ai bondi du lit. J'ai regardé avec stupeur l'infirmière, qui m'a alors annoncé, le plus naturellement du monde, que je venais sans doute de vivre une expérience de corps astral... J'ai d'abord fait semblant de ne pas comprendre, puis je lui ai vite tout raconté. Elle m'a conseillé d'aller me renseigner en bibliothèque sur ce phénomène, auquel je n'avais jamais prêté attention. Cela étant, j'ai tout de suite fait le rapprochement avec ce que m'avaient dit les gens revenus in extremis à la vie, comment ils se sont sentis quitter leur corps, et flotter en dehors de l'espace et du temps, prêts à accomplir le grand saut, sans aucune crainte ni appréhension...

J'étais tellement surexcitée par ce qui venait de m'arriver qu'il me tardait maintenant d'en avoir fini avec ce groupe, pour pouvoir aller consulter les ouvrages spécialisés. Dès le vendredi, j'ai foncé à la bibliothèque municipale de Santa Barbara. Mais c'est finalement à San Francisco que je suis tombée sur le livre de Robert Monroe *Journeys out of the Body* (« Voyages hors du corps »), ouvrage au demeurant assez plat, mais qui n'en reste pas moins la meilleure étude sur le sujet pour une profane comme moi. J'avais hâte d'en savoir un peu plus, et d'obtenir quelques éclaircissements.

Comment me serais-je alors doutée que cela me conduirait à entreprendre de nouvelles recherches, qui déboucheraient sur une meilleure compréhension de la mort et de la vie dans l'au-delà ?

En tout cas, c'est durant l'automne 1976 que je me suis rendu compte que je ne pouvais plus continuer seule.

Depuis dix ans que je donnais des conférences, que j'animais des ateliers, que je voyais des malades en phase terminale un peu partout dans le monde, j'étais submergée de courrier, et du coup j'accusais un retard considérable dans ma correspondance. Même avec l'aide de deux secrétaires, il m'était impossible de répondre en temps voulu aux dizaines de lettres qui me parvenaient quotidiennement. Parallèlement, la nécessité de ces ateliers se faisait sentir chaque jour un peu plus...

Juste avant l'atelier de Santa Barbara, j'en avais animé un autre, particulièrement harassant, au Canada, qui réunissait 70 personnes, dont des quadriplégiques, des cancéreux et des psychopathes. Nous avions travaillé à un rythme épuisant, en rognant sur nos heures de sommeil, et je ne tenais plus debout. Tout en me réjouissant de la chaleur et de la sincérité extraordinaires qui animaient ce groupe, j'avais à l'évidence un besoin urgent de souffler et de prendre une semaine de repos complet.

C'est ce qui m'a décidée à engager des collaborateurs, et de m'entourer à l'avenir de deux ou trois assistants. D'autant plus que les gens que leur profession amenait à être en contact permanent avec des malades terminaux ressentaient le besoin de suivre une formation plus complète et plus personnalisée. Mais comment faire? J'étais toujours par monts et par vaux, et je ne restais jamais plus de quarante-huit heures au même endroit. Je courais le monde pour voir des malades, pour interpréter des dessins d'enfants mourants, pour prodiguer des conseils aux parents, aux enseignants, aux membres du clergé, aux psychologues, etc. Tant et si bien que je n'avais plus un instant de libre et qu'il était totalement exclu que je forme, en plus, des stagiaires ou des étudiants dans un domaine si particulier, et sujet à une évolution si rapide...

Une idée germait dans ma tête: avoir un endroit à moi, au calme et à la montagne de préférence (ce qui me rappellerait ma Suisse natale), mais aussi facilement accessible par la route et pas trop loin non plus d'un aéroport, pour les grands malades qui ne supportent pas les longs voyages en voiture.

J'ai donc exploré systématiquement l'arrière-pays de San Diego, dans le sud de la Californie, autour d'Escondido, en poursuivant le rêve de fonder un centre où je pourrais accueillir des groupes une semaine durant, un lieu, donc, où chacun pourrait prendre conscience de ce qui cloche chez lui, et en vidant sa peine, sa colère et sa révolte retrouver la liberté, la douceur et le plaisir de vivre...

L'une de ces randonnées me conduira un jour dans un cadre superbe, d'où émanaient une paix et une sérénité incroyables, qui va tout de suite me paraître l'endroit idéal pour m'installer. Imaginez une sorte de petite esplanade, au sommet d'une colline cernée par la montagne ; sous un ciel d'azur s'épanouissait toute la végétation de la Californie du sud, lilas, eucalyptus, orangers, avocatiers... Le paysage était jauni par le grand soleil de l'été, mais il se dégageait de l'endroit une paix et une pureté merveilleuses.

Pourquoi ne pas aller voir tout de suite le propriétaire, et lui demander si, par hasard, il consentirait à me céder son domaine ? De toute façon, comme je n'avais pas un traître sou, cela restait une démarche pour la forme. J'ai donc pris mon courage à deux mains, et je suis allée sonner à la porte. J'ai été reçue par un couple charmant, une dame adorable, d'origine britannique, et son mari, un monsieur très courtois et fort sympathique, qui m'ont présentée à deux de leurs grandes filles, mariées et mères de famille, venues en visite. Je n'y suis pas allée par quatre chemins, mais je leur ai tout de suite expliqué l'objet de ma visite. Par chance, ils songeaient effectivement à vendre, et à se retirer auprès de leurs enfants.

J'ai été très honnête avec eux, et je ne leur ai pas caché que je ne disposais pas, dans l'immédiat, des fonds nécessaires. Mais cela, leur dis-je, n'allait pas tarder...

J'ignore ce qu'ils ont pensé de moi, mais j'imagine qu'ils ont dû me prendre pour une douce rêveuse (ce que d'ailleurs je suis). Quoi qu'il en soit, ils se sont montrés chaleureux et très compréhensifs, et ils m'ont laissé bon espoir.

Quand je suis retournée les voir, une semaine plus tard, ils avaient la visite de gens prêts à conclure tout de suite l'affaire, et à payer de surcroît la totalité en liquide. Je les ai suppliés de m'accorder un délai supplémentaire, et ils se sont laissé fléchir...

Mais le problème restait entier : où trouver l'argent ? Il me fallait verser au plus vite un premier acompte, et j'étais toujours aussi démunie financièrement. La solution aurait été bien sûr de contracter un emprunt auprès d'une banque de Floosmoor, où l'on me connaissait, et où l'on savait que j'étais solvable. Cette facilité m'a pourtant, hélas ! été refusée, la législation bancaire en vigueur aux Etats-Unis interdisant apparemment de consentir un prêt pour l'achat d'une propriété sise dans un État autre que celui de l'établissement créditeur...

Les mois passèrent, sans que rien ne se débloque. En fin de compte, je me suis résignée à en appeler à la générosité des gens que j'avais aidés par le passé. J'ai donc écrit à tous ceux qui avaient participé à l'un de mes ateliers, soit au total un bon millier de personnes, pour leur expliquer la situation.

Si j'ai bien reçu une foule de réponses, assorties d'encouragements fervents, je n'ai par contre récolté que des sommes dérisoires... A chacun de mes voyages en Californie, je faisais le tour des banques, mais on m'envoyait systématiquement promener. Sans doute faisais-je preuve d'une grande naïveté, ou bien n'inspirais-je pas confiance avec mes histoires d'ateliers...

C'est alors que le destin va basculer. A la date d'expiration du délai fixé pour le versement du dépôt de garantie, j'ai en effet reçu une lettre d'un groupe d'enfants du Rhode Island (État de la côte Est), tous atteints d'un mal incurable. Ils se disaient heureux d'apporter leur modeste contribution à Shanti Nilaya, tout en sachant pertinemment que pour leur part ils mourraient avant d'avoir pu en profiter...

Ces pauvres gosses avaient donc cassé leur tirelire, compté leurs petits sous, et chargé un prêtre de m'envoyer un chèque du montant correspondant, soit très exactement 3,96 dollars... Il me suffira de montrer la lettre aux propriétaires pour obtenir une promesse définitive de vente.

Ils ont tenu parole. Mieux, ils nous laisseront, en partant, du mobilier, des draps, des ustensiles de cuisine, etc., toutes choses qui dans un premier temps nous rendront un fier service.

Shanti Nilaya fêtera son inauguration en 1977, pour Thanksgiving, le 27 novembre au matin. Qui aurait dit que cela attirerait tant de monde! Un millier de personnes, au bas mot, venues de tous les coins des Etats-Unis, en voiture, en moto, ou le plus souvent en autobus, parmi lesquelles on comptait bon nombre d'handicapés.

Juchée sur une grosse pierre, j'ai prononcé une allocution de bienvenue. Deux trompettistes, des anciens stagiaires, jouèrent *The Impossible Dream.* Des musiciens et des chanteurs connus interprétèrent des morceaux de leur composition, et l'un de nous chanta un air de *La Flûte enchantée* de Mozart. Une vente aux enchères nous a permis d'écouler tous les articles d'artisanat que nous avions réalisés spécialement (cela faisait pour ma part des mois que je fabriquais des coussins, des bougies, etc.). Cela a suffi à payer les frais de nettoyage, le café (offert gracieusement), ainsi que la location des autobus et des stands. J'étais émerveillée. Tous ces gens, qui s'étaient levés en pleine nuit, pour venir assister, du haut d'une montagne, à la naissance d'un jour nouveau, quand le soleil perce derrière les cimes, et caresse la roche et les feuilles de sa douce lumière... C'était formidable, inouï, inespéré!

Il me faudra cependant déchanter, et réviser tous mes plans. Après avoir effectué toutes sortes de travaux sur le site, redressé la route, retapé la maison, etc., ne voilà-t-il pas qu'au dernier moment on va me refuser le permis de construire des chambres et des dortoirs pour accueillir des groupes, sous prétexte que cela accroîtrait les risques d'incendie de forêt pendant la saison sèche, et qu'il n'y avait par ailleurs qu'une seule voie d'accès... La mort dans l'âme, j'ai dû m'incliner.

A défaut de pouvoir y tenir mes ateliers, j'y ai installé mes bureaux et le siège social de Shanti Nilaya. C'est là aussi que je forme les membres de mon équipe.

La tâche est ardue. Bien souvent, on tombe sur des gens peu sérieux, qui voient en Shanti Nilaya une sorte de refuge ou de communauté comme il en existe un peu partout en Californie, où l'on peut mener la belle vie sans avoir besoin de vraiment se dépenser. Ils sont vite déçus, et généralement ils ne restent pas longtemps parmi nous — l'une des conditions préalables pour rejoindre l'équipe étant que chacun, jardinier, homme d'entretien, responsable du secteur médical, professeur de méditation, etc., fasse d'abord un travail sur lui-même, en passe par les mêmes épreuves et effectue le même cheminement que tous ceux qui viennent ici...

Contrairement à ce que l'on croit souvent, il ne suffit pas de posséder une formation théorique. Psychologues, psychiatres et autres éducateurs découvrent avec effroi, lors de ces sessions, tout ce qu'il subsiste de négatif en eux et dans leur comportement. En règle générale, ils ne sont pas prêts à payer le prix fort pour ne décrocher, au bout du compte, qu'un emploi faiblement rémunéré...

On constate donc un déchet considérable, et le tri s'opère continuellement. J'ai la chance, à l'heure actuelle, de travailler avec un groupe de gens merveilleusement dévoués, qui ont fait preuve de courage et de persévérance, et qui n'ont pas hésité à se remettre en question et à subir une « grande lessive » libératrice et purificatrice...

A défaut de posséder un endroit fixe, je reste tributaire des locations, et en attendant d'avoir les moyens d'acheter un terrain et d'y bâtir le Shanti Nilaya de mes rêves, je continue mes pérégrinations. Mais je prends mon mal en patience, et j'essaie d'en faire une force !

On me pose toujours la même question : « Shanti Nilaya, c'est quoi, au juste ? » J'y ai répondu en ces termes dans un numéro de notre bulletin (qui compte plus de 25 000 abonnés fidèles) :

« En sanscrit, Shanti Nilaya signifie "Havre de Paix". Par "Havre", on n'entend aucun lieu spécifique, ni siège ou emplacement d'aucune société ou association.

Shanti Nilaya, c'est un concept, pas une réalité matérielle. Un concept cher à tous ceux qui savent ce qu'aimer gratuitement veut dire, et à quoi cela engage. Shanti Nilaya part du principe qu'il existe en chacun de nous un tel havre de paix. Là-bas règne l'amour et le désintéressement. On nous aime, et on nous accepte, sans nous juger. Là-bas, dans ce lieu d'amour, il y a place pour tout le monde alentour, et l'on ne refuse jamais personne.

Shanti Nilaya, par conséquent, ne désigne aucun endroit particulier à Escondido, en Californie, ou à São Paulo, au Brésil, ou en Australie, ou au Japon, ou sur la côte Est. Non, car il ne s'agit pas d'une multinationale, avec des ramifications dans le monde entier. Shanti Nilaya, c'est la beauté — pas un bâtiment. C'est la grâce, sans détermination géographique. C'est le courage, pas le commerce ; la compassion, et non une compagnie ; l'amour, plutôt que la loi, et le dévouement à la place des diplômes...

Nous accueillons certes en priorité des malades en phase terminale, des enfants à l'agonie, des personnes en deuil, bref, des gens qui se trouvent dans une situation de détresse. Mais nous ne nous en tenons pas là. Car dans notre optique, il s'agit d'aimer tout un chacun, sans distinction aucune.

On m'écrit souvent, des militants chrétiens, des travailleurs sociaux, des cadres hospitaliers, des infirmières bénévoles, etc., pour me demander comment participer à l'œuvre de Shanti Nilaya et rejoindre nos rangs.

A tous ces gens, je suis ravie de répondre qu'ils sont d'ores et déjà en train d'œuvrer pour Shanti Nilaya, et qu'il leur suffit de continuer sur cette voie...

Il y a virtuellement en nous tous une bonté, une générosité, une disponibilité proprement inimaginables. Nous nous efforçons de les concrétiser, de manière à bâtir en nous-mêmes ce "Havre de Paix", si tant est que le Shanti Nilaya de "l'extérieur" ne puisse vraiment aider que celui qui recherche l'autre, le Shanti Nilaya de "l'intérieur" »...

Les « Amis de Shanti Nilaya »

Il existe désormais une association des « Amis de Shanti Nilaya ». Présente un peu partout dans le monde, elle est l'œuvre de gens qui ont décidé de s'associer dans leur quotidien à notre démarche ; de gens, donc, qui après avoir fait un travail sur eux-mêmes, et cherché honnêtement à résoudre leurs problèmes, montrent la voie à leurs semblables...

Ils s'attachent ainsi à promouvoir autour d'eux la philosophie et l'action de Shanti Nilaya. Tous bénévoles, ils proposent gratuitement activités et services divers.

Ceux qui ont reçu une formation appropriée organisent par exemple des séances de cris dans les écoles ou dans les hôpitaux, voire dans les prisons. D'autres animent chaque semaine des groupes d'entraide, où l'on peut venir confier ses chagrins et ses peines, et apprendre à se déculpabiliser. D'autres encore ont créé des services d'urgence, où l'on se tient vingt-quatre heures sur vingt-quatre à l'écoute des cas de détresse, de tous ceux qui n'arrivent pas à se faire à la mort d'un parent ou d'un ami, ou encore des désespérés tentés par le suicide. Ils s'occupent également des malades terminaux, et ils s'efforcent de leur procurer des livres, du matériel éducatif, et de les aiguiller vers les organismes compétents. Enfin, ils donnent des conférences et ils animent des réunions-débats.

Partout dans le monde, les Amis de Shanti Nilaya ont pour mission d'aider, avec amour et en toute discrétion, leur prochain à résoudre ses contradictions.

Ils effectuent, au total, un travail formidable. Je ne citerai qu'un exemple. Une jeune femme, un jour, accompagne son bulletin de commande d'un message désespéré, en forme d'appel au secours. En pleine dépression, elle est hantée par l'idée du suicide...

Que faire? On ne peut pas la joindre au téléphone, puisqu'elle n'a pas indiqué son numéro, et en plus elle habite loin. Qu'à cela ne tienne; l'un des membres de notre antenne locale effectuera le déplacement, et à force de patience et de douceur il parviendra à la raisonner et à la faire renoncer définitivement à son sinistre projet. Jane, puisque tel est son nom, remontera la pente tant et si bien qu'elle est maintenant un membre actif de notre groupe d'entraide local.

IV

Betty

Je n'avance rien ici qui ne s'appuie sur des exemples concrets. L'histoire de Betty reste à maints égards l'une des plus significatives, et l'une des plus bouleversantes...

La quarantaine, célibataire, Betty habitait avec sa sœur, infirmière, et son beau-frère. Souffrant depuis quelques années d'un cancer au poumon, elle était terriblement marquée par la maladie. Décharnée, le teint cireux, elle avait une respiration saccadée, elle haletait misérablement. Elle a débarqué de toute urgence chez moi un vendredi après-midi. Il lui fallait absolument se confier à quelqu'un, raison pour laquelle elle était venue exprès de Chicago, craignant de ne pas tenir jusqu'au prochain atelier, prévu une dizaine de jours plus tard. Elle avait le cœur si lourd ! Vu son état, elle ne désirait plus qu'une chose : mourir en paix, et par conséquent se mettre en règle avec elle-même...

Je me suis assise en face de cette malheureuse, visiblement au bout du rouleau, et je l'ai laissée parler. Elle se sentait effroyablement seule, abandonnée de tous. Mais ce qui la faisait le plus souffrir, et qui la révoltait, c'était de ne pas pouvoir terminer ses jours en compagnie de son ami, qui l'aimait sincèrement. Sa sœur, très à cheval sur les principes, ne voulait pas en entendre parler, et c'est tout juste si elle acceptait qu'il lui rende visite de temps à autre...

Mon cœur s'est serré en l'écoutant. Il me semblait toujours aussi inconcevable que l'on traite ainsi les malades terminaux comme des parias, quand tout ce qu'ils recherchent, au fond, c'est un peu de tendresse et de chaleur humaine... Je l'ai évidemment tout de suite invitée à participer au prochain atelier, quel que soit son état de santé et ses chances d'en revenir vivante, l'important étant qu'elle se délivre de sa rancœur et de son amertume qui la coupait de son entourage...

Elle a sauté sur l'occasion — et ce n'est qu'après coup que je me suis souvenue que l'atelier en question devait se tenir à Colorado Springs, dans les Montagnes Rocheuses. Betty supporterait-elle, vu l'état de ses poumons, un séjour d'une semaine en altitude ? J'ai pris contact avec son médecin traitant qui, par l'effet d'une coïncidence extraordinaire — mais en était-ce bien une ? —, était celui-là même qui m'avait soignée quelques années plus tôt, lorsque j'avais fait une pneumonie...

Sans me cacher les risques inhérents à pareille entreprise, il n'en a pas moins trouvé l'idée excellente, et il m'a seulement conseillé d'obtenir l'accord de ses proches, pour éviter qu'ils se retournent contre moi si par malheur il lui arrivait quelque chose...

Tiraillée entre sa sœur, hostile à un tel projet, et son ami, qui l'encourageait chaudement à venir nous voir, Betty choisit d'écouter ce dernier. C'est d'ailleurs lui qui la conduira le lendemain matin à l'aéroport, dans sa chaise roulante. De mon côté, je veillerai à me munir d'un masque à oxygène, et, de manière à lui offrir une dernière petite « gâterie », je ferai supplémenter les billets, et nous voyagerons en première classe...

Ce que j'ignorais, c'est que Betty avait une peur bleue de l'avion, et que ça ne la rassurait pas du tout, au contraire, d'être assise à côté d'un hublot... Mais enfin, avec un cocktail et quelques bouffées d'oxygène, elle a très bien supporté le décollage, et bientôt elle a pris un vif plaisir à regarder défiler en dessous les grandes plaines du Middle West...

Elle assistera à toutes nos réunions en chaise roulante. La nuit, une infirmière dormait dans sa chambre, pour surveiller sa respiration et lui administrer ses médicaments. L'après-midi, quand nous partions en randonnée, nous l'emmenions avec nous en voiture, le plus haut possible, puis nous la poussions dans sa chaise, et nous l'installions sur un promontoire, face au vide, et notre chère Betty était aux anges...

Elle reprenait du poil de la bête à vue d'œil. Elle se félicitait bien sûr d'avoir suivi les conseils de son ami et de nous avoir rejoints à Shanti Nilaya. Mais, parallèlement, elle appréhendait chaque jour un peu plus de devoir retourner chez sa sœur...

Le jeudi soir, elle était très abattue et elle s'est retirée pour bouder dans sa chambre, comme une gamine capricieuse. Je me suis bien gardée d'entrer dans son jeu et je l'ai laissée seule, en lui donnant rendez-vous au lendemain, pour la dernière séance après le petit déjeuner. Elle n'est pas venue. Visiblement, elle aurait bien aimé mourir ce jour-là... Je l'avais incitée à regagner son foyer pour partager avec les siens sa joie d'avoir « mûri » ; je lui avais rappelé qu'elle était redevable à sa sœur de veiller sur elle, quand bien même cette dernière ne le ferait pas toujours de gaieté de cœur et ne se montrerait pas forcément très compréhensive...

Nous avons donc commencé sans elle. En cours de matinée, la porte s'est ouverte avec fracas, et notre Betty, dans sa chaise roulante, s'est frayé, l'air courroucé, un chemin au milieu de l'assistance. Outrée que je ne sois même pas allée voir si elle était toujours en vie, elle m'a taxée d'égoïsme et d'indifférence. Au fond, elle était très vexée que je l'ai laissée bouder dans son coin. Je lui ai donc fait observer, en retour, qu'elle retombait là dans un comportement typiquement névrotique, et qu'en se repliant sur elle-même elle ne faisait que projeter sa révolte et sa rancœur sur les autres — sur sa sœur, par exemple. Finalement, tout cela s'est terminé sur un grand éclat de rire, et nous sommes tombées dans les bras l'une de l'autre. Betty s'est dite alors impatiente de rentrer à Chicago...

Nul besoin de préciser qu'elle est repartie avec un carnet rempli d'adresses et de numéros de téléphone. Avant qu'elle nous rejoigne, nous avions chanté tous ensemble, ce matin-là, et c'est de tout cœur que nous lui avons offert l'enregistrement. J'ai d'ailleurs continué par la suite à lui envoyer brochures, cassettes (de chansons, de débats), afin de lui soutenir le moral, et de l'aider à terminer son existence de manière positive...

Betty vivra encore un an et demi, à la surprise générale — sauf pour moi, qui avais vu tant de malades en phase terminale retrouver, grâce à ces ateliers, goût à la vie, et suffisamment de force pour tenir encore des mois, voire des années...

V

Ne pas tricher avec ses émotions

Ne pas tricher avec ses affects, mais les assumer sans réserve, voilà qui demande un travail considérable sur soi-même. En retour, on y gagne le plus souvent une espérance de vie accrue, comme cela se vérifie d'une manière frappante dans l'exemple de Betty...

Nous sommes continuellement en proie à des émotions. Certaines sont naturelles, d'autres pas.

Comment les distinguer? Au départ, Dieu nous a dotés de cinq émotions, pour nous permettre de réaliser notre destin ici-bas...

Mais hélas ! avec le temps, on a pris l'habitude de les refouler, et de leur en substituer d'autres, malsaines, agressives, autodestructrices, qui nous empoisonnent la vie, et qui grèvent nos relations sociales. C'est de là que naissent les conflits de pouvoir, les guerres, les affrontements entre peuples, qui ont si souvent failli conduire l'humanité à sa perte...

Considérons tout d'abord la peur. Il n'existe que deux peurs originelles chez l'homme : celle de tomber, et celle du bruit. Les autres ne remplissent aucune fonction vitale. Malheureusement, en tant que condensé des craintes, des angoisses, des ambivalences, voire de la haine et de la rancœur qui habitent les adultes, elles se transmettent de génération en génération. Un enfant que l'on élève dans la peur du noir, ou des étrangers, ou de traverser la rue, etc., c'est-à-dire à qui l'on interdit de prendre la moindre initiative, n'aura jamais confiance en lui, et il sera toujours à la traîne des autres. Au bout du compte, cela donnera un aigri, un perpétuel insatisfait...

La colère ensuite : elle aussi fait partie de la nature humaine. Elle naît subitement, en quelques secondes, le temps de dire « non », d'opposer un refus clair et sans détour. A ce titre, elle ne vise personne en particulier. Si par contre on empêche un enfant de jamais se fâcher, si donc on le condamne à refouler son agressivité, on en fait un frustré, un rancunier, un violent rentré toujours prêt à exploser de rage. En réprimant toute velléité de colère chez un enfant, on obtient en conséquence des résultats contraires au but recherché, et l'on fabrique un asocial, mal dans sa peau et fragilisé devant la maladie. La haine rentrée est un véritable cancer qui mine l'individu. Il faut donc absolument s'en débarrasser avant qu'il ne soit trop tard ; et cela, en l'extériorisant, en l'exprimant, sans gêne ni fausse honte. On en voit tout l'intérêt dans nos ateliers, où il se trouve presque toujours un grand criminel en puissance. Il suffit de le provoquer pour qu'il entre dans une rage folle et qu'il révèle alors toutes ses pulsions meurtrières. Tant que le responsable du groupe garde son sang-froid, il n'y a aucun danger. D'autre part, celui ou celle qui a le courage de se montrer sous un jour aussi peu enviable doit, en retour, être assuré de l'absolue discrétion de ses compagnons...

Troisième de la liste, le chagrin. C'est lui qui nous permet d'affronter les mille et une petites morts qui ponctuent notre séjour ici-bas. Perdre un jouet, ou un vêtement, cela peut être aussi traumatisant pour un enfant que pour une mère perdre son bébé. Un jardinier qui voit mourir un arbre auquel il tient tout particulièrement, ou qui le retrouve au matin abîmé par des vandales, risque d'être aussi malheureux que celui qui pleure la mort de son chat ou de son chien. Notre existence est jalonnée de milliers de petits drames, qui nous chagrinent et nous tirent les larmes. C'est justement ce qui nous permet de les surmonter, et de passer à autre chose. Quand on empêche un enfant d'avoir des réactions saines et naturelles en pareil cas, il s'aigrit, il passe son temps à se plaindre et à récriminer, incapable de profiter de l'instant présent ou de formuler des projets d'avenir.

La jalousie fait également partie de la nature humaine. Avant tout, elle favorise l'émulation. C'est elle qui pousse les gosses à apprendre l'orthographe, à jouer de la flûte, à faire du patin à glace, à lire leur premier livre, etc. C'est ce qui aiguise leur curiosité, ce qui les pousse à apprendre, à se perfectionner, à se réaliser... Quand on la dévalorise aux yeux d'un enfant et qu'on l'assimile à un défaut punissable, cette jalousie positive tourne alors à l'envie, avec toutes les conséquences néfastes que cela entraîne...

Dernier sentiment propre à l'homme, mais non le moindre, l'amour. Il n'y a pas grand monde, à l'heure actuelle, qui comprenne vraiment ce dont il s'agit, et à quoi cela engage. L'amour revêt deux visages. Tout d'abord celui de la tendresse : les câlins, les compliments affectueux que l'on prodigue aux enfants, bref, tout ce qui les valorise, et leur donne de l'assurance...

Mais d'autre part, l'amour c'est aussi la faculté de dire « non ». Il y a des mères qui lacent les souliers de leurs gosses jusqu'à l'âge de dix ans. Rien d'étonnant à ce qu'ils n'aient jamais ensuite confiance en eux, et qu'ils ne puissent rien faire par eux-mêmes. Une mère qui aime vraiment son enfant ne cède pas s'il pleure et ne veut pas aller à l'école le jour de la rentrée des classes. Elle s'attachera au contraire à le raisonner, en lui disant par exemple : « Tu sais, moi aussi, la première fois j'avais peur. Mais j'étais si fière, le soir, en revenant à la maison, de m'être débrouillée comme une grande, avec les autres ! »

Résultat : il apprendra à lacer lui-même ses souliers, et il n'aura plus besoin de personne pour cela. Cessons donc de nous substituer aux enfants, et de les déresponsabiliser ; loin d'être une preuve d'amour, c'est au contraire un signe de défiance et de mépris.

Rares, hélas ! sont les gens qui ont été aimés pour eux-mêmes, et de manière désintéressée, dans leur enfance. D'ordinaire, les gosses font l'objet d'un odieux chantage affectif, qui consiste à leur dire : « Je t'aimerai, si tu travailles bien à l'école ; je t'aimerai, si tu es gentil, si tu ramènes des bonnes notes, si tu passes ton bac, si tu réussis tes études... » Résultat, prisonniers d'un jeu de séduction, ces individus n'ont par la suite aucune autonomie affective ; incapables d'un acte libre, ils n'existent jamais par eux-mêmes, ni pour eux-mêmes, mais toujours à travers le jugement d'autrui et l'image qu'ils projettent à l'extérieur. Dépossédés de leur propre identité, qu'importe dès lors qu'ils réussissent — et beaucoup y parviennent —, puisqu'ils n'en retirent aucune satisfaction véritable, et qu'ils continuent à douter d'eux-mêmes et de leur valeur. Ils passent donc leur temps à courir après des fantômes et à chercher un amour impossible...

Si la génération à venir pouvait échapper à ce cycle infernal, si nous pouvions élever nos enfants en les aimant, pour eux-mêmes, tout simplement, sans rien demander en échange, gageons que ces ateliers perdraient progressivement leur raison d'être ! Tel est du moins mon espoir, que nous puissions servir de ferment à une véritable révolution humaine.

Les gens vraiment équilibrés, sur le plan physique, affectif, intellectuel et spirituel, deviennent très intuitifs, et ils savent d'instinct ce qu'il leur faut faire et ce qu'on attend d'eux. En paix avec eux-mêmes comme avec les autres, ils ne connaissent par conséquent ni le stress ni l'angoisse, qui font tant de ravages.

Ne se laissant jamais aveugler par leurs pulsions agressives, ils se tiennent constamment à l'écoute de leur prochain, auquel ils apportent une aide précieuse. Bref, ils n'ont pas le sentiment d'être floués, ni de vivre pour rien.

Spécificité de chaque atelier

A l'intérieur de ce cadre général, chaque atelier possède sa dynamique propre. Il n'existe pas deux ateliers identiques. Comme je l'ai déjà expliqué, il se trouve à chaque fois ou presque deux ou trois personnes qui nous apportent énormément, et deux ou trois autres qui se tiennent en retrait, sans s'impliquer dans le groupe, soit par mauvaise volonté, soit par suite de leurs blocages et de leurs inhibitions. Elles n'en tirent donc aucun profit, et elles repartent amères et déçues...

Par contraste, ces ateliers sont le théâtre d'événements merveilleux qui en font toute la richesse. Je pense notamment à ce médecin juif qui, à l'issue de cinq jours de retraite à Sonoma, en Californie, est pratiquement devenu rabbin — une lettre de lui, citée au chapitre XV, apporte à ce sujet tous les éclaircissements utiles...

Le Baptême

Un jour, je me souviens, un monsieur qui avait plus ou moins perdu la foi demandera à l'un de ses compagnons pasteur de le rebaptiser. Tout le monde — catholiques, protestants, juifs, musulmans, hindouistes, bouddhistes — se rendra alors avec lui en procession au bord de l'étang qui se forme au milieu de la propriété après chaque pluie. La cérémonie se déroulera dans une atmosphère de recueillement et d'émotion intenses. Juché sur une grosse pierre au bord de l'eau, le ministre de Dieu, tel saint Jean-Baptiste dans le film *Jésus de Nazareth*, conférera à notre ami le sacrement rituel...

L'Eucharistie

Autre événement mémorable, dont j'ai gardé des photos, la communion que nous avons célébrée un jour à Shanti Nilaya. Là encore, au départ, il n'y avait rien de prévu, et ça s'est fait tout seul; et chacun, quelle que fût sa culture, ou sa religion, y a pris part. Depuis, c'est devenu un rite, tous les jeudis soir...

Citons à ce propos la courte prière d'action de grâces récitée en commun à la fin de chaque atelier: « Loué sois-tu, Esprit Divin, de nous avoir donné ce jour !... »

Pour en bien saisir le sens, il faut savoir ce que l'on attend au juste de la prière. La plupart du temps, on prie pour demander une faveur, pour obtenir quelque chose : « Donnez-moi... Accordez-moi... » C'est oublier que si nos requêtes ne sont pas forcément exaucées, on bénéficie toujours, par contre, de toute l'aide requise pour s'assumer et réaliser son destin ici-bas. C'est aussi faire peu de cas de tous les bienfaits de l'existence, miracle quotidien dont on ne prend généralement conscience qu'en cas de coup dur, lorsqu'il s'avère que nous ne sommes pas abandonnés ou livrés à nous-mêmes...

Personne, en principe, ne se sent jamais déplacé, ou de trop, dans ces ateliers ; chacun arrive toujours à point nommé, et il s'intègre sans problème dans le groupe. Etrangers les uns aux autres au départ, nous nous quittons en amis fidèles et solidaires...

Le jeudi soir, au terme de ces cinq jours de remise en question, nous dînons une dernière fois ensemble, puis nous nous retirons chacun dans notre chambre pour nous préparer à la cérémonie d'adieu. Il y en a qui s'habillent tout spécialement pour l'occasion, d'autres qui restent au contraire en jeans et tee-shirt, d'autres encore que cela inspire, et qui composent, une fois n'est pas coutume, un poème ou une chanson...

Chacun, donc, apporte sa contribution à la traditionnelle veillée devant le feu de camp. Le scénario est toujours le même : après avoir avoir essayé de dresser le bilan de cet atelier, nous allons à tour de rôle jeter dans le feu une pomme de pin, qui symbolise tous les aspects négatifs de notre personnalité dont nous entendons désormais nous défaire...

Un à un, chacun s'avance donc pour prendre un engagement public et solennel. Vient ensuite le partage du pain, cuit dans l'après-midi par des membres du groupe ; toujours le même, et toujours différent, à l'instar de ces ateliers, que ce soit aux Etats-Unis, en Europe, au Japon ou en Australie... Et comme nous accueillons des gens de tous les bords, on verra ainsi, par exemple, dans le même atelier, une jeune fille fabriquer pour la cérémonie du jeudi soir une Etoile de David, une autre une Croix, et une dernière une Croix Ansée (symbole de l'immortalité dans l'Egypte ancienne).

Ensemble, nous rompons le pain, et nous buvons le vin, en chantant notre allégresse...

Quand ce sera au tour de David, que vous avez découvert au premier chapitre, d'aller lancer sa pomme de pin dans les flammes, il faut souligner qu'il sera soutenu par sa mère et par le prêtre, devenu un ami. Gageons que le Père John aura été marqué à vie par cet instant sublime...

VI

L'objectif de ces ateliers

C'est quand il est devenu manifeste qu'il ne suffisait pas de donner des conférences, fût-ce devant des milliers de gens, que j'ai mis sur pied ces ateliers. Jusqu'à présent, je m'en tenais essentiellement à un rôle d'information ; il me fallait maintenant passer au stade supérieur : aider mon prochain, concrètement, et sans lui tenir de grands discours. L'aider, oui, mais à quoi, et comment ? La réponse coulait de source : à se mettre au clair avec lui-même, et à régler pour de bon ses problèmes — précisément ce que je m'évertuais à expliquer depuis des années. Autrement dit, il était temps de mettre mes actes en accord avec mes principes...

De quoi s'agit-il, en effet, dans ces ateliers, sinon d'amener chacun à prendre conscience de ce qui le fait souffrir, de ce qui lui fait peur, ou honte, et qu'il refoule depuis si longtemps ? Attitude calquée, au demeurant, sur celle de ces gens qui, à la veille de mourir, cherchent à se libérer et à partir en paix avec eux-mêmes comme avec les autres...

De ces années de travail auprès de grands malades comme de gens bien portants, il ressort que nos principaux ennemis sont la peur, la honte, et le sentiment de culpabilité, toutes choses qui nous minent, qui nous gâchent le plaisir de vivre, et qui nous laissent sans défense face à la maladie... Les cancéreux, par exemple, reconnaissent les premiers qu'ils ne sont pas tombés malades par hasard, mais que cela résulte en grande partie de leurs tendances autodestructrices. Seulement, jusqu'alors ils gardaient le silence, de peur d'être mal vus, ou bien traités avec commisération...

Ainsi donc, les langues se sont déliées, et de plus en plus les gens en sont venus à nous confier leurs drames et leurs déchirements, qui pour la plupart remontent à l'enfance — violences, brimades, inceste... Sujets tabous, douleurs inavouables, qu'ils traînent avec eux depuis des années sans oser s'en ouvrir à personne, et qui leur empoisonnent l'existence. Traumatismes qui jouent aussi souvent, il faut le noter, un rôle déterminant dans le choix d'un métier. Dans bien des cas, quand on choisit de s'occuper des mourants, c'est au fond pour compenser une perte à laquelle on n'a jamais pu se résoudre, un deuil que l'on n'a pas fait...

VII

S'ouvrir et renaître

Il ne suffit pas de vouloir changer ; encore faut-il y arriver vraiment. Et l'on retombe toujours sur la même question : par où commencer?

Au fond, tout est affaire de communication. C'est ce qui détermine à la fois l'enjeu et le déroulement de ces ateliers.

Nous ne sommes pas dans la peau des autres, et la souffrance de notre prochain nous reste, par définition, étrangère. Pourtant, elle nous bouleverse, et elle réveille en nous des angoisses et des peurs inconscientes. Rien de plus déchirant que d'entendre un malade terminal nous confier son drame et sa détresse. Cela renvoie chacun à ses responsabilités, ça l'incite à faire preuve d'un même courage, et à tirer lui aussi au clair publiquement tout ce qui le tourmente. Quel soulagement, ensuite ! Finies alors l'aigreur et la rancune ; on oublie les mille et une petites vexations de la vie quotidienne, on passe l'éponge sur les mesquineries de notre entourage, et l'on admet simplement que chacun, ici-bas, a ses faiblesses et ses défauts. L'amour, au total, en ressort grand vainqueur...

Cela suppose, évidemment, certaines règles. A cet égard, il importe de s'abstenir de tout contact physique avec celui ou celle qui est en train de se livrer, ou qui s'apprête à le faire. Loin de le soutenir et de l'aider à traverser une passe difficile, on risque fort, en réalité, de ne lui apporter qu'un réconfort illusoire, et de retarder une salutaire prise de conscience...

Bref, il s'agit de procéder à une opération vérité, et d'instaurer d'emblée un échange et une communication authentiques, permettant à chacun de faire retour sur lui-même, et de parler ouvertement de tout ce qui le tracasse.

De quelle manière?

On n'a que l'embarras du choix. Chacun est libre de s'exprimer à sa guise, il n'y a rien d'interdit à Shanti Nilaya, sauf la violence physique, bien entendu. Voilà pourquoi l'on y crie, l'on y pleure, l'on y gémit, et l'on y assouvit sa rage sur le matelas...

Toutes ces crises de larmes, ces scènes d'hystérie, où l'on se laisse aller sans aucune retenue, obéissent au même souci : extérioriser ses pulsions négatives, évacuer tout ce qui nous empoisonne et nous rend la vie infernale, de manière à pouvoir ensuite repartir sur des bases saines...

Dans les premiers temps, nous nous contentions de discuter et d'analyser en commun les problèmes de chacun. Mais très vite nous avons ressenti la nécessité d'aller au fond des choses, et de vider définitivement l'abcès...

C'est à Appleton, dans le Wisconsin, que j'ai expérimenté ce que j'appelle « l'expulsion active », par opposition à la « discussion passive ». Là encore, nous étions les hôtes d'une congrégation religieuse, dirigée par un saint homme de prêtre, dont la bonté et la générosité ont puissamment contribué au succès de cette retraite. La présence parmi nous de malades terminaux, extrêmement motivés, et qui se livraient à de bruyantes démonstrations, risquait au départ de créer quelques difficultés avec les moines, habitués au silence et au recueillement. Mais l'abbé intercédait toujours en notre faveur auprès de ses compagnons lorsque surgissait un différend, et tout rentrait bien vite dans l'ordre.

Tant de drames se sont fait jour, lors de ce premier atelier... Je pense notamment à cette femme de couleur, qui restait repliée sur elle-même, sans desserrer les dents. On la sentait torturée, et animée d'une rage froide. Le mercredi, voyant qu'elle ne bougeait pas, j'ai pris les devants, et je l'ai invitée à me suivre dans la pièce voisine. Loin des autres, elle a fondu en larmes, elle s'est mise à crier, et elle s'est vengée sur le matelas en le frappant à grands coups...

Elle avait connu une enfance tragique : sa mère, poussée par la misère à se prostituer, n'avait pas les moyens de lui donner à manger autre chose que des abats et des céréales de rebut, grouillantes de vers et de charançons — brouet infâme dont la seule évocation lui donnait la nausée.

Je n'y suis pas allée par quatre chemins. Sans lui demander son avis, je l'ai forcée à revivre la scène et à ingurgiter mentalement cette nourriture répugnante, tout en la grondant et en lui répétant qu'elle « devrait avoir honte de pas manger, quand on sait ce que moi, sa maman, je suis obligée de faire... »

Ce petit psychodrame, bouleversant à plus d'un égard, va suffire à débloquer la situation, et cette dame va dès lors s'impliquer activement dans le groupe, pour en retirer tout le bénéfice possible.

En principe, nous nous tenons tous ensemble dans la grande pièce. Toutefois, lorsque l'on a trop de choses à dire, ou bien que l'on éprouve des scrupules à en parler devant les autres, on a toujours la ressource d'aller se confier en privé à moi ou à l'un de mes assistants à l'abri des témoins. On se sent d'habitude tellement soulagé que l'on a envie ensuite d'embrasser tout le monde en revenant dans la salle...

Il faut bien dire aussi qu'il y a toujours, dans chaque atelier, une ou deux personnes, assises à l'arrière, qui restent sur la défensive et qui se contentent de regarder, ou à la rigueur de prendre des notes, et qui en tout cas disparaissent quand ça devient trop intense. N'ayant rien apporté, elles repartent sans avoir rien acquis, si tant est que plus on donne, plus on reçoit...

Une dame apparemment ne comprenait pas ce qu'elle était venue faire chez nous, et des semaines après ça continuait à l'étonner. La raison, lui dis-je, se dévoilerait sans doute avec le temps. Effectivement, cinq ans plus tard, elle ouvrait notre premier centre d'accueil pour enfants malades...

Ou bien encore cette Canadienne, qui avait fait 3 000 kilomètres de route pour venir nous voir, sans bien savoir pourquoi. Quelques semaines plus tard, son fils se suicidait. Elle tirera alors parti des leçons apprises à Shanti Nilaya, et elle sera bien contente de bénéficier du soutien d'amis sincères et dévoués.

Destinés aux parents qui voient mourir leur enfant, ou qui viennent de le perdre, les groupes d'entraide se multiplient à l'initiative des anciens de Shanti Nilaya. Cela coïncide par ailleurs avec l'éclosion d'une multitude d'hospices à travers les Etats-Unis — même si dans bien des cas ils usurpent leur nom ; mais ceux-là feront long feu.

Je souhaiterais, personnellement, que tous les gens qui travaillent dans les hospices ou dans les centres d'accueil pour grands malades puissent approfondir leur formation et suivre chez nous une session complète de cinq jours.

VIII

Le processus et les résultats

Rien ne remplace le contact direct — avec les gens comme avec ses propres émotions... Tel est le principe de nos ateliers.

Comment cela se traduit-il dans les faits? Il n'existe certes pas en la matière de formule type ou de schéma préétabli, chaque groupe possédant sa dynamique et sa logique propres. Il n'en reste pas moins que l'on observe certaines constantes, de sorte qu'à l'intérieur d'un cadre général chaque atelier trouve de lui-même son équilibre et sa vitesse de croisière, pour la plus grande satisfaction de tous.

Au départ

Le premier jour, on opère essentiellement une mise en route. Chacun se présente et résume en quelques mots ce qui l'amène: deuil, divorce, ennuis avec la justice, maladie incurable dont il souffre ou redoute d'être atteint, ou bien qui frappe un enfant ou un proche, etc.

Bref, on se contente de faire un rapide tour d'horizon, sans entrer dans les détails. Assis par terre, à même le sol ou sur des coussins (sauf, bien entendu, les grands malades et les invalides qui ne quittent pas leur fauteuil ou leur chaise roulante), nous formons un cercle. L'ambiance est généralement assez tendue, et le scepticisme de rigueur.

Mais voilà, il se trouve toujours dès les premières vingt-quatre heures quelqu'un pour sauter le pas et pour nous apporter un témoignage tout à fait bouleversant. Cela se passe en général le lundi soir très tard, ou, à l'extrême limite, le mardi matin. Le pli est pris. Entrent alors en scène tous ceux qui, par métier ou par vocation, se consacrent à leur prochain et qui sont là, disent-ils, pour se perfectionner, pour être un « meilleur médecin », une « meilleure infirmière », ou un « meilleur prêtre ». Ils y mettent d'ailleurs tellement de sincérité que cela dissipe toutes les rancœurs que les malades peuvent nourrir à l'égard du personnel soignant.

Le mardi matin, ou plus souvent encore le lundi soir, je distribue à la ronde du papier et des crayons de couleur, et je donne dix minutes à tout le monde pour me dessiner quelque chose. Ne nous méprenons pas : il ne s'agit pas d'un concours, et peu importe la qualité artistique des « œuvres » ainsi recueillies. Non, ce que je recherche, c'est un dessin spontané, si naïf et maladroit soit-il, qui traduise l'état d'esprit et la psychologie du sujet à ce moment-là, ses peines, ses douleurs, et les contradictions dans lesquelles il se débat... Habituellement, j'en analyse une dizaine sur-le-champ, en laissant, bien entendu, à leurs auteurs l'entière liberté de contester mon interprétation.

Cette méthode de diagnostic a été mise au point par une psychologue anglaise d'obédience jungienne, Susan Bach, que j'ai connue jadis à l'hôpital de Zurich (où j'ai longuement travaillé dans les années 50), en collaboration avec un artiste peintre du nom de Weber, jouissant lui-même d'une longue expérience des petits cancéreux. Dans un ouvrage actuellement épuisé : *Les Dessins spontanés des grands malades*, elle montre comment cela permet de sonder, en quelques minutes, l'inconscient de quelqu'un, sans avoir besoin de lui faire subir toute une batterie d'examens ou d'avoir avec lui de longs entretiens.

Ces ateliers n'existaient encore que depuis quelques années, que j'en suis venue, pour un temps, à m'occuper presque exclusivement des petits mourants. J'étais alors frappée par leur lucidité, leur sagesse, leur ouverture d'esprit.

Tout comme les rêves, les dessins spontanés des grands malades (adultes ou enfants, peu importe) montrent à la fois qu'ils sont conscients de bientôt mourir et qu'ils ont un pressentiment de ce qui les attend dans l'autre monde...

Du fait que je suis très sollicitée, et toujours en déplacement, je n'ai guère de temps à consacrer à chaque malade en particulier. Par ce biais, je peux, en moins d'un quart d'heure, cerner sa personnalité et son psychisme, et par conséquent débusquer ses angoisses et ses tourments les plus secrets, sans avoir à lui demander de se raconter en détail.

Appliquée aux enfants condamnés à brève échéance par la maladie, cette méthode d'investigation s'est toujours avérée très fructueuse, et elle m'a permis d'aller tout de suite au fond des choses. Il n'y avait pas de raison pour que ça ne marche pas non plus avec des gens « normaux », c'est-à-dire avec les adultes bien portants. Auquel cas les psychiatres et les psychologues disposeraient là d'un moyen idéal pour percer les défenses inconscientes de leurs patients. J'ai donc répété l'expérience avec des sujets adultes et en bonne santé.

Succès sur toute la ligne. Quelle joie de voir tous ces gens accepter, au bout d'une journée à peine, de parler devant tout le monde de leurs problèmes, tels qu'ils apparaissent dans leurs dessins !

Certains sont particulièrement troublés par ce qui se révèle. Il n'est pas rare, alors, surtout s'ils ont entretemps accompli des progrès considérables, qu'ils m'offrent d'eux-mêmes un autre dessin à la fin de l'atelier, où l'on peut voir, d'une manière saisissante, le chemin parcouru en ces quelques jours...

IX

Les règles

Il va de soi que l'on ne peut pas ainsi réunir 70 à 80 personnes une semaine durant, sans qu'il existe en contrepartie des règles très strictes. En premier lieu, rien ne devant transpirer de ce qui se dit ou se fait pendant ces séances, on n'a pas le droit d'enregistrer quoi que ce soit (sauf, à la rigueur, les exposés théoriques).

A noter aussi deux autres points essentiels. D'abord, tout le monde est tenu de m'appeler par mon prénom, « Elizabeth ». On n'a que trop tendance à me voir comme une espèce de gourou, et à me traiter avec déférence et obséquiosité... Pour éviter ça, je tiens à mettre les choses bien au clair dès le départ, et j'avertis que quiconque me donnera du « Docteur », ou du « Professeur », devra s'acquitter sur-le-champ d'une amende de respectivement 10 et 20 dollars. Comme en général les gens qui viennent nous voir ne roulent pas sur l'or, ils prennent vite le pli. Si d'aventure il leur arrive de commettre une étourderie, il y a en principe toujours quelqu'un pour les pousser discrètement du coude... Quant à moi, je dis en plaisantant que les sommes recueillies serviront à acheter le vin pour la communion du jeudi soir — dois-je préciser, à cette occasion, que toute consommation d'alcool ou de drogue est rigoureusement interdite chez nous ? En tout cas, à ce petit jeu, je n'ai jamais récolté plus de 10 dollars par semaine, et ça détend tout de suite l'atmosphère...

En second lieu, nous hébergeons les gens à temps complet. Ils s'engagent par conséquent à rester avec nous jour et nuit, et il n'est pas question qu'ils retournent dormir le soir chez eux, même s'ils habitent tout près. D'une part, parce que nos séances nocturnes se prolongent souvent très tard, et ensuite parce que cela romprait l'unité du groupe...

On ne peut pas non plus, en principe, venir avec son conjoint, ni avec des amis ou des membres de sa famille. Il n'y a pas la place pour tout le monde en même temps. Qu'importe ! S'ils en font la demande, je serai ravie de recevoir tous ces gens une autre fois. Qu'ils sachent bien, en tout cas, que cela revient rigoureusement au même. Et puis, surtout, ça permet à chacun de s'exprimer librement, sans être gêné par la présence de têtes familières. Il est certaines choses que l'on ne peut pas dire devant ceux que l'on connaît. Font exception à la règle, bien entendu, les couples qui viennent de perdre — ou qui s'apprêtent à perdre — un enfant...

Et puis, combien de gens n'arrivent-ils pas au départ bourrés de tranquillisants et de psychotropes ? C'est devenu pour eux une drogue ; ils ne peuvent plus s'en passer. Je m'efforce de briser cette dépendance, et de les aider à se libérer de cette camisole chimique, qui ne fait que masquer les vrais problèmes. C'est bien le diable s'ils ne finissent pas par envoyer promener toute leur petite pharmacie...

Maintenant, comment se déroulent nos journées ? Pour commencer, nous prenons tous nos repas ensemble. Après notre travail du matin, nous observons deux heures de pause — le temps de réfléchir, de faire le point, de rédiger son journal ou de coucher par écrit ce que l'on ressent. L'après-midi débute sur une séance de méditation facultative, mais recommandée à tous ceux qui veulent approfondir leur démarche personnelle, ou simplement se relaxer...

Ensuite, travail jusqu'au dîner, suivi d'une dernière séance qui se poursuit parfois jusqu'à l'aube... Tout dépend en fait des grands malades, et de la manière dont ils supportent ces réunions tardives. Quand je sens qu'ils

« décrochent », je n'insiste pas et nous allons nous coucher, de sorte que personne n'est lésé...

Si les séances de relaxation/méditation se déroulent le plus souvent dehors, nos réunions de travail se tiennent en revanche toujours à couvert. On comprend pourquoi. Vu que chacun vient là pour se défouler, crier, hurler, assener des coups furieux sur le matelas, bref, aller jusqu'au bout de ses émotions, il vaut mieux se retirer à l'abri des témoins, et éviter tout ce qui pourrait nous distraire, fût-ce le chant des oiseaux ou le vol des papillons... En revanche, nous observons toutes les deux heures une « pause physiologique » — histoire de sortir se dégourdir les jambes, fumer une cigarette, ou bien respirer un grand bol d'air pur...

X

Le rôle de la musique

Chacun est censé venir avec un instrument de musique — flûte, pipeau, tambour, cymbales, guimbarde... A défaut, on amènera un livre, ou des cassettes, ou bien n'importe quoi qui puisse nous servir et contribuer ainsi au succès de cet atelier. La musique occupe en effet chez nous une place centrale. De tous temps, et sous toutes les latitudes, les hommes se sont retrouvés pour chanter et prier ensemble. En communiant dans une même aspiration, on se sent plus fort, et plus près du but. Voilà pourquoi nous commençons toujours par chanter en chœur, le lundi matin...

Car si nous sommes là pour parler de choses graves, cela ne nous empêche pas, bien au contraire, de vivre des moments de joie, de bonheur et de fierté intenses, et faire la fête tous ensemble le jeudi soir devant le feu de camp. Tout le monde y met du sien ; chacun interprète un petit air, y compris les personnes âgées — nous avons même reçu une fois un centenaire ! — qui n'avaient plus chanté depuis longtemps...

Le matin, réveil en douceur, au son de la flûte (il se trouve pratiquement toujours un volontaire)...

Résolution - le cérémonial du jeudi soir

C'est tout cela qui ressort dans nos ateliers, où l'on n'apprend pas seulement à pardonner aux autres, mais aussi à se pardonner soi-même, pour y gagner au bout du compte un soulagement, une joie et une fierté proprement indescriptibles, qui rayonne sur les visages le jeudi soir à la veillée. Chacun de nous prend la parole une dernière fois pour annoncer ses bonnes résolutions, avant de jeter dans le feu une pomme de pin, symbolisant toutes les erreurs ou faiblesses passées sur lesquelles il entend maintenant tirer un trait.

XI

Qui vient nous voir ?

Une question revient avec insistance : ces ateliers, à qui s'adressent-ils ? A tout le monde, ou bien seulement aux grands malades ? Bref, quels sont nos critères de sélection ?

C'est très simple. Il suffit de prendre contact avec nous pour recevoir une documentation complète, accompagnée d'un bulletin d'inscription où figure un petit questionnaire portant sur l'âge et la santé du postulant — indépendamment de son milieu ou de son niveau culturel. Car il va de soi que nous accueillons en premier lieu les malades terminaux et les invalides. Comme ils doivent faire l'objet de soins constants, nous veillons à leur procurer à chacun une infirmière. En deuxième place viennent les personnes en deuil, ou qui ont un proche condamné à brève échéance. Enfin, nous prenons les vieillards. Bref, nous donnons la priorité à tous ceux qui, d'une manière ou d'une autre, se retrouvent face à la mort...

A cela, nulle hésitation : nous savons d'expérience que, loin de représenter une charge, ce sont au contraire les malades terminaux et les paralytiques qui nous apportent le plus...

Le bouche à oreille fonctionne à merveille, et il se constitue bientôt de véritables réseaux « d'anciens de

Shanti Nilaya». C'est ainsi que pour une personne atteinte de sclérose en plaques qui vient nous voir, nous en recevons ensuite en moyenne trois autres. Nous avons appris à vivre au contact des gens atteints de troubles moteurs — quand ils ne sont pas carrément paralysés. Nous savons comment les aider à s'ouvrir, à parler de leur drame, à crier leur douleur, leur révolte, et leur angoisse. (Je reviendrai plus en détail sur leur cas, et sur l'apport essentiel qu'ils représentent pour nous.)

Nous voyons donc quantité de quadriplégiques, blessés de guerre (au Vietnam), victimes d'accidents de la route, malades atteints de sclérose en plaques, etc., rivés à leur lit de misère et entièrement à la charge des autres. Qu'il me soit permis ici de leur exprimer tout mon amour, et toute ma gratitude ! Ils reviennent souvent nous voir, au bout d'un an ou deux, et par leur exemple ils sont d'un précieux secours aux autres...

Cela dit, il y a toujours des gens qui débarquent, le lundi matin, avec un stylo et un bloc-notes, comme s'il s'agissait d'un cours ou d'un exposé théorique. Quelle n'est donc pas leur surprise et leur déception de se retrouver en plein psychodrame, au milieu des pleurs, des cris et des lamentations !...

Pour la plupart médecins, psychiatres, psychologues ou psychanalystes, ou bien encore prêtres ou religieuses, ils sont censés être constamment à l'écoute de leur prochain — mais cela suppose qu'ils aient au préalable « mûri » et effectué un travail sur eux-mêmes, faute de quoi ça risque de très, très, mal se terminer — et l'on sait, à ce propos, que c'est chez les psychiatres que l'on observe, aux Etats-Unis, le plus fort taux de suicide...

Au départ, ils ont toujours tendance à comparer et à vouloir établir un parallèle entre ma méthode et la leur. Visiblement, ils sont déconcertés par la simplicité et le prosaïsme de la démarche suivie dans ces ateliers. Ils n'en sont ensuite que plus enthousiastes devant les résultats obtenus. Je n'entends pas faire ici le procès des autres thérapies, et notamment de la psychanalyse, irremplaçable dans son domaine, mais simplement souligner que ces ateliers permettent de gagner énormément de temps, en faisant remonter à la surface tout un matériau inconscient qui ne se révèle d'habitude qu'au bout d'années de cure. Pour en avoir fait sur moi-même l'expérience, j'entends donc bien poursuivre sur cette voie.

Quant à la composition de ces ateliers, il faut souligner qu'elle ne doit rien au hasard, mais qu'elle semble au contraire obéir à une sorte de nécessité intrinsèque. On retrouve à chaque fois une proportion idéale d'hommes et de femmes, de jeunes et de moins jeunes, de gens ordinaires et de représentants du corps médical... Un atelier type comprend ainsi un directeur d'hôpital, une aide-soignante, des malades, des aumôniers des hôpitaux, un électricien de New York, et un philosophe californien — à moins qu'il ne s'agisse d'un célèbre yogi, ou d'un gourou adulé par la jeunesse... Si maintenant l'ensemble constitue un groupe homogène, c'est parce que nous nous plaçons tous sur un pied d'égalité, et que personne ne jouit d'aucun privilège ou traitement préférentiel.

Quantité de gens célèbres sont venus à Shanti Nilaya. Mais comme chez nous tout le monde s'appelle par son prénom, ils passent généralement incognito. Pour ma part, j'attends qu'il ne subsiste plus aucun blocage ou complexe d'aucune sorte entre nous pour dévoiler leur véritable identité, autrement dit, que tout le monde puisse les voir pour ce qu'ils sont, des êtres humains comme vous et moi...

A cet égard, Ram Dass, l'un des plus célèbres gourous californiens des années 60-70, effectuera chez nous un séjour mémorable, et des plus enrichissants. A l'époque, il était au sommet de sa gloire, et ses adeptes, des jeunes en majorité, lui vouaient un véritable culte. Quand il a manifesté le désir de participer à un atelier, j'ai sauté de joie — passé le premier moment de stupeur. Mais j'ai aussi tout de suite mis les choses au point, et bien spécifié qu'il devait arriver incognito, et non auréolé de son image de grand sage, ce qui aurait faussé d'emblée les cartes. Il a accepté.

Jusqu'au bout, j'ai cru qu'il n'allait pas venir. Vous imaginez donc ma joie de le voir débarquer, le lundi matin, avec les retardataires !... Malgré son accoutrement bizarre de sadhou, il n'éveillera pratiquement pas les soupçons — il n'y aura guère qu'une personne ou deux pour le regarder d'un drôle d'air —, et je m'amuserai beaucoup de voir les vieilles dames, qui de toute façon n'avaient jamais entendu parler de lui, l'appeler par son petit nom, et lui donner du Ram par-ci et du Ram par-là (ce qui, soit dit en passant, signifie « Dieu » en hindi). Lui-même, d'ailleurs, semblera trouver ça fort drôle...

Le jeudi soir, je le présenterai officiellement aux autres, et nous aurons alors un échange extrêmement fructueux. Parfaitement complémentaire du mien, son travail auprès des grands malades a en effet jeté un éclairage nouveau sur notre manière de réagir à l'approche de la mort. Il se confirmera ainsi que, lorsque l'on se sait perdu et que l'on fait tout naturellement le bilan de sa vie, on se livre à un examen de conscience et on procède à une révision déchirante de ses valeurs et de sa conception du monde. On découvre alors toute une dimension spirituelle de l'existence, trop longtemps négligée, et occultée par notre quête effrénée du bonheur et de la réussite... Il n'est pas sans intérêt de noter qu'après l'abolition de la peine capitale, dans les années 70 (on l'a depuis rétablie dans la moitié du pays), les condamnés à mort ont pour la plupart très vite oublié cette dimension spirituelle qui les habitait, lors même qu'ils attendaient l'exécution de la sentence, et qu'ils sont presque tous retombés dans des attitudes négatives...

Nous recevons par ailleurs quantité de psychologues, d'éducateurs, d'aumôniers, en contact permanent avec des détenus, du petit délinquant primaire au multi-récidiviste, ainsi que des avocats et des magistrats, qui sont eux aussi en prise directe avec le système judiciaire et pénal en vigueur aux Etats-Unis, et sur lequel il y aurait tant à redire...

Au départ, ces ateliers s'adressaient en priorité aux malades terminaux et à leur entourage. Par la suite, j'ai voulu que tout le monde dans leur entourage, à commencer par les médecins et les infirmières, puisse en bénéficier. Maintenant, j'aimerais m'occuper plus particulièrement de ceux qui ont sombré dans la délinquance, et les aider à se réhabiliter vraiment, c'est-à-dire à se débarrasser de toute leur agressivité refoulée et de leurs pulsions meurtrières.

J'aurai également la joie d'accueillir le Dr Carl Simonton, auteur de *Getting Well Again* (« Retrouver la forme »), ouvrage qui a connu un retentissement considérable, et qui a mis au point un traitement révolutionnaire des cancers, basé sur la « visualisation ». Il viendra avec son épouse, qui est aussi sa fidèle collaboratrice. Une autre fois, c'est un vieil ami, le Révérend Mwalimu Imara, qui me fera l'honneur de sa présence. Pasteur, mais également psychologue, spécialiste de la Gestalt-Thérapie, il aura été, jadis, le seul à prendre mon parti quand j'insistais auprès de mes collègues de l'Université de Chicago pour avoir des entretiens directs avec les grands malades et les mourants...

Et puis, il y a les surprises, ces êtres merveilleux dont personne n'a entendu parler au départ, et qui se découvrent tout à coup. Je songe notamment à ce moine bouddhiste, originaire d'Hawaï, versé dans le Zen et la méditation. Quand il s'est présenté, il a dit : « Je ne vois pas pourquoi je suis là. » « Vous êtes pour nous tous une véritable bénédiction ! », ai-je répliqué. « C'est bien possible », observa-t-il calmement...

Il s'exprimait dans un langage poétique et imagé assez déroutant pour ses compagnons qui ne saisissaient pas toujours d'emblée où il voulait en venir, et qui s'interrogeaient souvent sur le sens de ses paraboles. Mais, à la réflexion, et après une bonne nuit de sommeil, tout s'éclairait, et chacun était saisi par la beauté et la profondeur de son message...

C'est d'ailleurs dans le même atelier que j'ai reçu cette dame et son enfant de trois ans — un pauvre gosse souffrant de malformations congénitales, et condamné à brève échéance. Elle avait voulu se décommander au dernier moment, n'ayant trouvé personne pour garder le malheureux gamin (à trois ans, il avait à peine la taille d'un nourrisson, et il ne savait ni parler, ni marcher, ni même s'asseoir...). Mais j'ai insisté au contraire pour qu'elle vienne avec lui, certaine, lui dis-je, que tout le monde aurait à cœur de s'en occuper pendant ces quelques jours...

A leur arrivée, nous avons donc installé le petit dans une balancelle pendue au plafond. Immobile, muet, l'œil mort et le visage inexpressif, il poursuivait son existence végétative au milieu d'un groupe de 70 personnes à la recherche d'elles-mêmes, et qui se livraient à de grands débordements d'émotion...

Quarante-huit heures après, on notait déjà des progrès. D'abord, il a commencé à se redresser et à se tourner dans notre direction quand nous chantions. Puis il s'est mis à nous regarder, les uns après les autres. Tant et si bien qu'à la fin il a esquissé son premier sourire — pour la plus grande joie de sa maman, émue aux larmes...

Kimo, à qui on ne donnait pas un mois de plus à vivre, tiendra encore deux ans et demi.

D'une manière générale, ce sont les cas extrêmes, les individus comme Betty et Kimo, qui nous apportent le plus.

XII

La perte d'un enfant

Il est courant de voir défiler à tour de rôle à Shanti Nilaya tous les membres d'une même famille frappée par le sort. De fait, lorsque disparaît un grand malade dont je m'étais occupé, ses parents et amis, écrasés de chagrin, me demandent souvent de les aider à accomplir le nécessaire travail de deuil.

J'évoquerai d'abord l'exemple de Linda, dont j'ai abondamment parlé dans un précédent ouvrage, *Vivre avec la mort et les mourants,* qui venait de perdre sa petite fille, emportée par une tumeur au cerveau. A ma demande, elle viendra avec Lee, l'infirmier qui avait veillé avec tant d'amour sur la gamine, à l'Hôpital des Enfants Malades de New York.

Ils arriveront le lundi matin, et quoique encore sous le choc, ils s'intégreront tout de suite au groupe. Il faut dire que Mal et moi nous étions depuis des mois en contact avec eux, et qu'ils ne se sentaient donc pas complètement dépaysés.

Pour Linda, il s'agissait principalement d'essayer de surmonter sa douleur, et, ce faisant, de venir en aide à son fils, Rusty, qui avait très mal supporté la maladie puis la disparition de sa sœur, et qui n'appréciait pas non plus que sa mère le laisse seul pendant une semaine pour participer à cet atelier...

Lee, quant à lui, espérait que son séjour à Shanti Nilaya lui permettrait, en tant qu'infirmier, d'être ensuite mieux à l'écoute des enfants malades, ainsi que de leur entourage.

Précisons, toutefois, que Linda n'aspirait pas seulement à retrouver la paix de l'âme et à reprendre une vie normale, mais qu'elle entendait aussi partager son drame avec les autres, témoignage qui prend une dimension nouvelle par le truchement de ce livre. Car son cas prouve que, si douloureuse soit-elle, la disparition d'un être cher ne saurait nous culpabiliser, dès lors que l'on a fait tout ce qui est humainement possible pour lui et que l'on ne cherche pas non plus à refouler sa peine. Dès l'instant, donc, que l'on n'a rien à se reprocher, que l'on est honnête avec soi-même et que l'on ne cherche pas à réprimer ses émotions, le chagrin finit par se dissiper peu à peu...

Leur présence à tous les deux aura un impact considérable sur les autres participants à cet atelier, en les renvoyant chacun alors à leur propre lâcheté, à leurs propres angoisses et au sentiment de culpabilité qui les rongeait. Je pense notamment à ce médecin qui, à leur contact, a compris quelle attitude adopter envers les enfants condamnés et leurs parents.

L'un des inconvénients de ces sessions, c'est que nous restons assis des heures entières sans bouger. Aussi, chacun profite-t-il des « pauses physiologiques » pour prendre un peu d'exercice. Il y en a qui font du jogging, d'autres de la gymnastique, et d'autres encore qui, tels Linda et Lee, vont se promener dans les environs...

L'anniversaire de Jamie

Chaque atelier donne lieu à une scène unique et bouleversante, comme la célébration de l'anniversaire de Jamie, par exemple. Disparue quelques mois plus tôt, elle aurait eu six ans, et sa mère se trouvait parmi nous. J'ai donc décidé avec les autres de marquer le coup et d'organiser une petite fête-surprise en sa mémoire. Tous ensemble, nous avons chanté à cette dame les airs favoris de sa petite fille, et de mon côté je lui ai offert un bouquet de lys, cueillis le matin même dans la vallée. Lee, pour sa part, lui confectionnera un joli papillon en verre teinté, symbolisant la continuation de la vie après la mort, débarrassée de l'enveloppe corporelle, « le cocon », comme j'ai l'habitude de dire...

On a toujours, chez nous, la possibilité de s'isoler de temps à autre pour réfléchir et faire le point. Ainsi, plutôt que de participer aux séances de relaxation/méditation, certains préfèrent-ils aller se promener dans la montagne et écouter le chant des oiseaux, et le murmure du vent...

Rob

C'est au cours de l'une de ces promenades champêtres que Rob se liera d'amitié avec Linda. Lui aussi, il venait de perdre un enfant. Complètement désemparé, ne sachant plus vers qui se tourner, il était sur le point de tout lâcher et de quitter sa femme. Il était d'ailleurs venu avec elle en consultation quelques semaines auparavant, à la suite de quoi, fidèle à mon habitude, je l'avais invité à participer — seul, car son épouse, qui allait bientôt accoucher, était sans doute mieux chez elle — au prochain atelier, qui devait se tenir à Oceanside, non loin de San Diego. Mon souci principal était d'éviter qu'il ne fasse supporter à son épouse le poids de son chagrin, et qu'il ne la transforme en bouc émissaire...

Il pourra alors se rendre compte, en comparant sa situation avec celle de Linda, que, dans son malheur, il avait eu de la chance, et que le pire — voir mourir à petit feu son enfant — lui avait été épargné... Nul doute que, dans son état, il ne l'aurait pas supporté, et Dieu sait à quelle extrémité cela l'aurait conduit...

Son enfant s'était noyé. Brutalement confronté au fait accompli, il n'avait pas eu le temps de s'y préparer, et donc d'en passer par les stades que j'ai décrits dans mes précédents ouvrages. En arrivant, il était écrasé de douleur, totalement désespéré et révolté contre l'injustice du sort. Ce n'est que progressivement, en apprenant à se confier, sur l'exemple des autres, qu'il sera en mesure de faire la part des choses et de comprendre qu'il n'était pas le seul à souffrir...

Je me souviens ; l'atelier tirait à sa fin, nous étions tous réunis dans la grande pièce. D'un seul coup, il s'est levé, et il s'est précipité au-dehors. Intriguée, je l'ai suivi discrètement. Il s'est dirigé tout droit vers la piscine, creusée au milieu du jardin. Il venait de nous expliquer que, depuis la mort de son fils, il éprouvait une véritable phobie de l'eau et un profond dégoût pour la musique, lui qui auparavant aimait tant nager et jouer du violoncelle...

Et il a sauté, oui, il a piqué une tête tout habillé dans le bassin, juste après nous avoir confié son drame ! Je me suis assise sur la dalle et je l'ai regardé évoluer, plonger, remonter à la surface, traverser le bassin de part en part. Au bout d'un moment, il est venu vers moi. Il s'est appuyé sur le rebord ; il m'a touché le pied ; il hésitait... Mais bientôt, il s'est laissé aller à de nouvelles confidences...

J'aurai ensuite la joie de le voir revenir auprès de sa femme, pressé d'accueillir et de combler d'amour leur prochain enfant. Et, bien entendu, il se remettra à nager et à jouer du violoncelle...

Paul et Cheryl

J'ai fait la connaissance de Paul et Cheryl à l'aéroport de San Francisco. Je venais de donner trois jours de conférences en Californie du Nord et j'étais exténuée, et de surcroît presque aphone. J'attendais au guichet ma carte d'embarquement, quand un jeune couple s'est approché timidement et a demandé à me parler. Diable ! Le moins qu'on puisse dire, c'est qu'ils tombaient mal...

J'ai l'ai regardé, lui, ce grand rouquin, barbu comme un Père Noël, qui avait l'air totalement effondré. C'est sa femme qui a pris la parole. Pendant que l'on me donnait ma carte d'embarquement elle m'a raconté qu'ils venaient, coup sur coup, de perdre leur fils de 4 ans, emporté par une anémie fulgurante, et d'apprendre que leur fille de 13 ans était atteinte d'un cancer généralisé. L'horreur absolue. Ils touchaient le fond de la détresse et ils ne savaient plus à qui s'en remettre...

L'heure tournait. Les passagers s'apprêtaient à embarquer. J'ai alors prié ; oui, j'ai invoqué la miséricorde divine : « Seigneur, accordez-moi une heure, juste une heure, avec ces malheureux ! » Et le Ciel m'a exaucée. J'ouvrais la bouche pour répondre à Cheryl, quand on a annoncé que le vol était retardé de soixante minutes environ... J'ai remercié la Divine Providence, et nous sommes allés nous asseoir tous les trois sur une banquette.

Là, je leur ai d'abord parlé de mes recherches sur la mort et sur la vie dans l'au-delà, et je les ai invités à se rapprocher le plus possible de leur fille et de profiter au maximum des derniers mois à passer avec elle. Bien entendu, je les ai conviés à participer au prochain atelier, à Oceanside, près de San Diego.

Ils viendront donc, et, après avoir déployé des trésors de sagesse et de compréhension, ils repartiront transformés par la grâce de l'amour. Mais je parle trop ; écoutons-les plutôt. Voici la retranscription de la cassette qu'ils m'ont adressée peu après leur retour.

Paul

« Salut, Elizabeth ! Ici, Paul. D'abord, j'espère que tout va bien, et je vous embrasse très fort. Cheryl m'a dit que vous vouliez savoir comment nous avons vécu cet atelier, et ce que nous en avons retiré. Bon, alors voilà.

Avant de venir à Shanti Nilaya, ma vie ressemblait à un calvaire ; tout était affreux ; plus rien n'avait de sens... J'étais accablé, anéanti...

Songez : apprendre, quelques mois seulement après la mort de votre fils, un gosse de 4 ans à peine, que sa sœur de 13 ans est atteinte d'un cancer généralisé, et qu'elle en a pour moins d'un an à vivre ! Il y a de quoi perdre la tête !

Heureusement, on m'avait déjà parlé de votre travail, et j'avais eu l'occasion de lire plusieurs livres de vous. C'est sans doute ce qui m'a poussé, au départ, à prendre contact avec vous. Ainsi que votre voix ; oui, il y a quelque chose qui m'a tout de suite frappé, dans votre timbre, dans votre intonation, quand j'ai écouté l'enregistrement de l'une de vos conférences; je ne sais pas, mais ça m'a fait tout drôle...

Bon, alors, je suis venu. Tout d'abord, il faut bien le dire, j'ai cru que c'était un coup pour rien, et que je m'étais trompé d'adresse. Oui, toute cette bande de pleurnichards, qui passaient leur temps à s'apitoyer sur leur sort, ça me paraissait d'un ridicule fini ! Du cirque, voilà ce que c'était à mes yeux, et ça m'exaspérait !...

Mettez-vous à ma place : je ne voyais pas ce que j'étais venu faire dans pareille galère, et encore moins ce que je pourrais en retirer de positif. Je suis donc d'abord resté prudemment en retrait.

Au milieu de la semaine, pourtant, j'ai commencé à voir les choses autrement, et à ressentir le désir de m'impliquer dans le groupe. Quand même, tous ces gens qui tombaient à genoux, et qui se défoulaient en hurlant sur le matelas, ça me perturbait... Je sentais bien que ce n'était pas du chiqué, et que je ne ferais pas mal d'aller, moi aussi, matraquer la couverture. Seulement, voilà, j'étais trop fier pour l'admettre, et je n'avais pas du tout envie de me donner en spectacle !...

Mais, de votre côté, vous aviez déjà compris. Et c'est pourquoi, jeudi, vous m'avez soufflé que votre assistant pourrait peut-être m'aider. Pas besoin de mettre les points sur les « i » ; j'ai vu tout de suite où vous vouliez en venir. Et j'ai dit oui. Oui, puisque si je restais, autant aller jusqu'au bout...

Nous sommes donc passés dans la pièce voisine, lui et moi. Il n'a pas eu besoin de pousser beaucoup ; j'étais prêt. Du moment qu'il n'y avait personne autour... J'ai fondu en larmes. Il m'a donné le bout de tuyau. Je l'ai agrippé sauvagement, et j'ai frappé, frappé le matelas, en hurlant comme un possédé que j'en avais assez, et que ça ne pouvait plus durer... Il fallait que ça sorte, coûte que coûte !... Alors j'ai explosé, et j'ai donné libre cours à ma douleur. « Il faut en finir !... Je n'en peux plus, je n'en peux plus ! », répétais-je en tapant comme un forcené sur le matelas.

J'ai fini par m'arrêter, à bout de souffle, groggy, mais aussi complètement soulagé, flottant dans une douce euphorie... Votre assistant m'a touché l'épaule. J'ai tressailli. « Es-tu prêt, me demanda-t-il, à répéter devant les autres ce que tu m'as dit ? » J'opinai. Il me ramena donc, étrangement calme, totalement pacifié, dans la salle, et je m'en fus m'asseoir avec lui au pied d'une chaise.

Affalée sur le matelas, une dame était en train de se raconter. Je l'ai écoutée, comme tout le monde ; enfin, pas vraiment. Comment vous expliquer ? Je me sentais transporté dans une autre dimension, « ravi », pour employer le langage des mystiques...

Vous m'avez invité à prendre la parole. J'étais bien embarrassé. Par où commencer ? Tout était si clair, et si compliqué à la fois ! Ça me rappelait mes expériences psychédéliques, dans les années soixante. Sauf que là, je n'avais rien pris, et que c'était infiniment plus profond. J'étais ébranlé, jusque dans le tréfonds de mon être, lucide, muet, libéré, paralysé, hébété, transfiguré...

Quand vous êtes revenue à la charge, j'ai levé les yeux, et, croisant le regard de Cheryl, j'ai vu qu'elle m'encourageait à sauter le pas ; alors, j'y suis allé franco. Je me suis tourné vers les autres, et j'ai dit : « Voilà, moi je suis Paul, et je vous aime tous autant que vous êtes ! »... C'était trop ; il fallait que je bouge, que je crie ; alors vous m'avez souri, et vous m'avez serré très fort dans vos bras, tandis que j'éclatais en sanglots. J'ai pleuré, oui, j'ai pleuré de joie, et de gratitude, d'avoir pu, grâce à vous et à votre assistant, exorciser ma peine et ma douleur, et tirer un trait sur le passé. Maintenant, je pouvais regarder la réalité en face, et repartir d'un bon pied dans la vie.

Mon angoisse et ma fureur n'avaient pas disparu pour autant, elles restaient là, à fleur de peau ; et pourtant c'était du passé ; quelque part, je les avais surmontées, définitivement ; j'étais passé maintenant au stade supérieur, j'avais atteint un niveau de conscience inégalé... La vie, horrible et belle, la vie, avec son cortège de drames et d'injustices, la vie n'a pas de prix... C'est ce que j'ai essayé d'expliquer, mon soulagement, mon allégresse de réintégrer le monde des vivants, qui ont tous tant à recevoir, et tant à donner ! Et ce coup-ci, j'ai dit tout ce que je ressentais, et sans aucune honte ou fausse pudeur ; c'est sorti tel quel, et j'ai parlé pendant des heures...

J'ai vécu le repas de midi comme un intermède délicieux. Cheryl était avec moi. Nous sommes allés ensuite tous les deux nous asseoir dans l'herbe, et pour la première fois, sans doute, je lui ai parlé à cœur ouvert. Elle s'en est rendu compte, et nous y avons alors gagné une merveilleuse complicité.

C'est seulement le soir, à la veillée devant le feu de camp, que j'en ai tiré la leçon ; ça m'a alors sauté aux yeux : arrivé brisé par le chagrin, je repartais l'âme en paix, et délivré de tout ce qui me torturait. Pour moi, ça tenait du miracle. J'avais l'impression d'avoir accompli l'impossible !...

Je planais complètement en rentrant à la maison. Et en même temps, c'était tout à fait positif ; il n'y avait pas l'ombre d'un doute là-dessus. Ça a duré quelques semaines, puis je suis redescendu tout doucement de mon nuage. A la différence que maintenant je n'avais plus peur d'affronter la réalité ; non, car désormais je me savais responsable de ma propre vie. J'avais beau être à plat, il me restait suffisamment de ressort pour repartir d'un bon pied. Il me fallait juste tirer la leçon de ce que j'avais appris avec le groupe. Aujourd'hui, je me sens beaucoup plus sûr de moi ; je ne sais pas comment dire... Enfin, il faut accepter la vie et la mort comme elles viennent, et prendre acte de ce qui vous arrive. Il y a comme ça des gens qui vous donnent tout ce qu'ils ont ; à vous ensuite de vous débrouiller avec. C'est précisément ce que je m'efforce de faire à l'heure actuelle...

Ce premier atelier, tout comme le second avec Kamala, m'a poussé à m'assumer et à vivre à fond, malgré la mort de mon fils et l'horrible maladie de ma fille. Au bout du compte, j'ai pris conscience de la dimension spirituelle de l'existence. Il faut bien avouer que jusqu'alors ça ne me tracassait pas beaucoup. Certes, il m'arrivait d'y penser de temps en temps, mais enfin sans plus, et ça ne portait pas à conséquence. A vrai dire, je m'en fichais un peu. Mais depuis que j'ai effectué ces deux séjours à Shanti Nilaya, la religion et les questions d'ordre métaphysique — tout ce qu'auparavant je rejetais, ou plus exactement que je traitais à la légère — tiennent une place de plus en plus importante dans ma vie. Sur ce plan-là, il y a eu un changement radical. J'ai l'impression d'être en communication avec l'invisible, avec toute cette réalité transcendante. Désormais j'ai rétabli la liaison, et le courant passe...

De plus en plus aussi avec Kamala, maintenant que je l'aime, tout simplement, sans rien demander en échange, et que je sais, grâce à vous, que c'est ce qu'il faut faire. Merci infiniment, Elizabeth.

Paul »

Cheryl

« Salut, Elizabeth ! Vous voulez savoir ce qui a changé en moi, depuis que je suis venue à Shanti Nilaya ?

Disons, pour commencer, que je considère que notre rencontre, à l'aéroport de San Francisco, a été providentielle. Oui, à l'époque, j'étais au trente-sixième dessous... Paul me faisait une vie impossible. Ça le révoltait que son fils soit mort, et il en voulait au monde entier. Quant à moi, j'étais incapable de prendre le moindre recul et de regarder les choses d'une manière lucide. Je ne suis guère plus avancée maintenant, et pourtant ça va tellement mieux...

Pour commencer, cet atelier m'a fait prendre conscience de ma vulnérabilité et de mon insécurité foncières. Avant, je doutais de tout ; de la vie, de l'amour, de moi-même et des autres. Depuis, c'est le contraire...

Au départ, pourtant, c'était l'enfer. Croyez-le ou non, mais j'ai vécu des moments horribles. Parce qu'alors je me suis retrouvée face à moi-même, à mon masochisme et à ma lâcheté. Il m'a bien fallu admettre que je n'étais pas un cas isolé, mais que tout le monde ici-bas porte sa croix, et qu'avant de trouver le bonheur on doit souvent vaincre le désespoir...

Lorsque Kamala a commencé à souffrir de son cancer, inconsciemment ça m'a révoltée, et j'ai effectué une sorte de barrage mental. J'ai refusé d'y croire, j'ai tout fait pour nier l'évidence. Mais quand ce sera au tour de mon petit Typheen d'être emporté, en à peine trois semaines, par une maladie de la moelle épinière, alors là, ce sera le coup de grâce... je toucherai le fond du désespoir. Je n'aurai plus la force de lutter ; il me faudra de l'aide, à tout prix...

Mon séjour à Shanti Nilaya m'a ouvert les yeux. Grâce à vous et aux autres, j'ai redécouvert l'amour, et ce pouvoir merveilleux qu'il a de transformer tous ceux qu'il touche, et de les conduire à la paix et à la sérénité. Mais avant de pouvoir se réconcilier avec soi-même et avec les autres, il faut descendre au fond du puits ; ça aussi, je l'ai compris...

Une femme, en particulier (je tairai son nom), m'a énormément apporté. C'est grâce à des gens comme elle que j'ai pu repartir à zéro, et me retrouver tout à coup dans la peau d'un petit bébé qui apprend à marcher : un beau jour, il se lance, il fait ses premiers pas, et il découvre que le monde est vaste, et la liberté infinie... Voilà ce que j'ai vécu là-bas, et cela m'a marquée à jamais...

Et Paul, me demanderez-vous ? Ah, Paul... Si vous saviez ! Pour nous deux, ça a été un nouveau départ. Après avoir mis les choses au point, nous nous sommes retrouvés, lui et moi, et notre couple en est sorti plus uni et plus soudé que jamais.

Et puis il y a eu le second atelier, celui où nous sommes venus avec Kamala. En arrivant, c'était l'horreur absolue. J'ose à peine en parler. Voir mourir à petit feu son enfant, dans des douleurs épouvantables... Il y a de quoi tomber folle ! Du fond de ma détresse, j'ai alors compris ce qu'avait ressenti Paul, après la mort de Typheen. Comme lui, auparavant, j'avais une attitude ambivalente à l'égard de notre fille : je l'aimais, je l'adorais, et en même temps je la détestais ; oui, je la haïssais de nous faire un coup pareil...

J'ai eu du mal à l'accepter. Ça n'a pas été facile, croyez-moi, de reconnaître que c'était ça qui m'empoisonnait l'existence, et qui me coupait de mon mari et de ma fille...

Pourtant, la vie n'est pas rose. L'état de Kamala ne cesse d'empirer. Elle souffre continuellement, et elle ne peut plus se déplacer. Mais la petite flamme continue à briller, maintenant je le sais. Et je remercie le Ciel de tout — y compris de ce qui nous arrive en ce moment. Oui, car désormais j'ai l'âme en paix, et la conscience tranquille.

Il ne me reste plus maintenant qu'à vous remercier, vous et tous ceux qui vous entourent, de nous avoir fait retrouver tous les trois la sérénité, Paul, Kamala et moi. »

Kamala mourra quelques semaines plus tard. Elle laissera un souvenir inoubliable à tous ceux qui l'auront approchée.

Elle était pourtant bien rétive, en arrivant. Mais heureusement ça n'a pas duré longtemps, et, en nous ouvrant son cœur, elle ouvrira aussi le nôtre...

Je me trouvais alors à 500 km de là, dans l'Oregon. Les avions étaient cloués au sol par le brouillard, et je regardais avec angoisse tourner l'heure. Mais, par chance, ou plutôt par miracle, j'ai réussi à trouver un vol pour San Francisco. Paul est venu me chercher à l'aéroport, et j'ai donc pu accompagner Kamala dans ses derniers moments. Elle s'est éteinte en milieu d'après-midi...

J'aurai par conséquent le triste et merveilleux privilège d'assister Paul et Cheryl en cette tragique soirée. Restée pour la nuit, je dormirai dans le lit de Kamala (qui reposait au salon mortuaire municipal). Là, je ferai une découverte émouvante : caché sous les draps, son petit ours en peluche qui jouait *Green Sleeves* — celui-là même que nous lui avions offert le dernier jour, à Shanti Nilaya. Visiblement, elle avait effectué le grand passage en le serrant entre ses bras...

Je suis restée en contact avec Paul et Cheryl. Ils s'efforcent maintenant de faire profiter de leur expérience les gens qui se trouvent dans le même cas, et, pour ma part, j'admire le courage de ce jeune couple qui a su se remettre en question quand le drame a éclaté.

Elisabeth Kübler-Ross avec David.

Les parents de David avec Elisabeth Kübler-Ross à Shanti Nilaya.

David et sa mère à l'atelier.

David et ses amis
à la piscine.

David et sa mère.

David et le feu de camp.

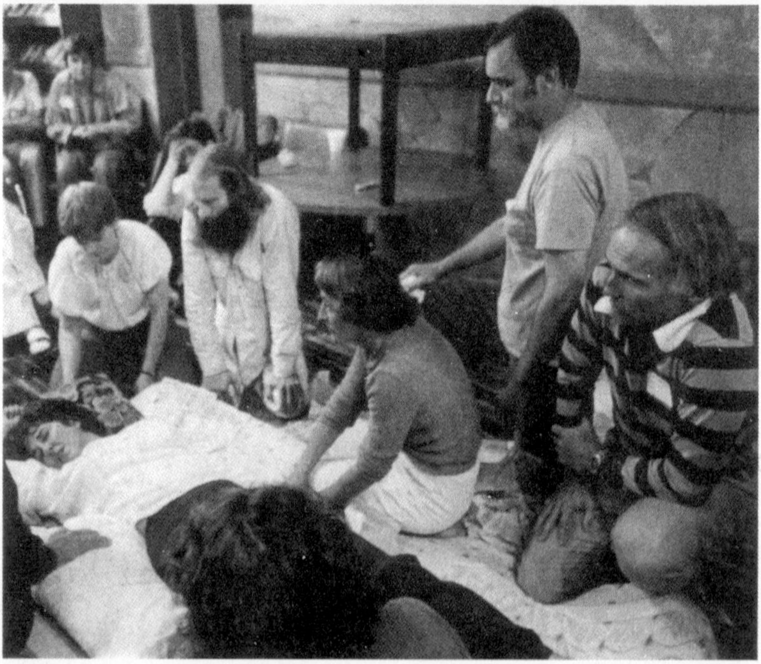

" S'abstenir de tout contact physique avec celui ou celle qui se donne à fond. "

Quand on frappe le matelas.

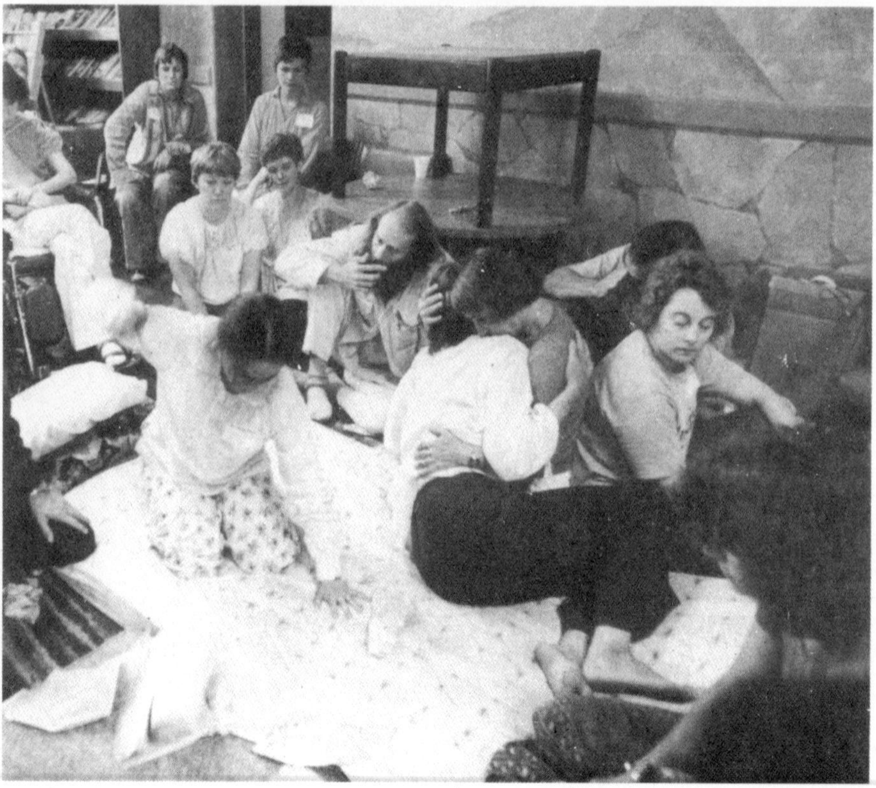

Linda et Lois (la mère de David) à Shanti Nilaya.

Émotion pour l'anniversaire de Jamie.

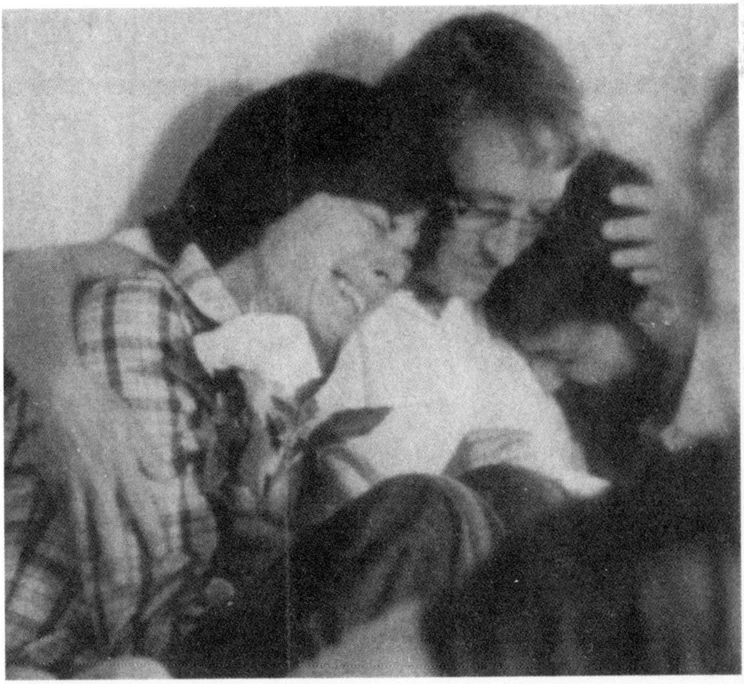

Linda, Jamie et Elisabeth Kübler-Ross.

Lee offre à Linda un papillon en verre.

Linda avec Bob, lui aussi en deuil de son enfant.

‘‘Bob se rend compte qu’il n’est pas le seul à souffrir.’’

En ressortant de l'eau, Bob nous a ouvert son cœur.

Paul.

‘‘Il fallait absolument que je vous serre dans mes bras…’’

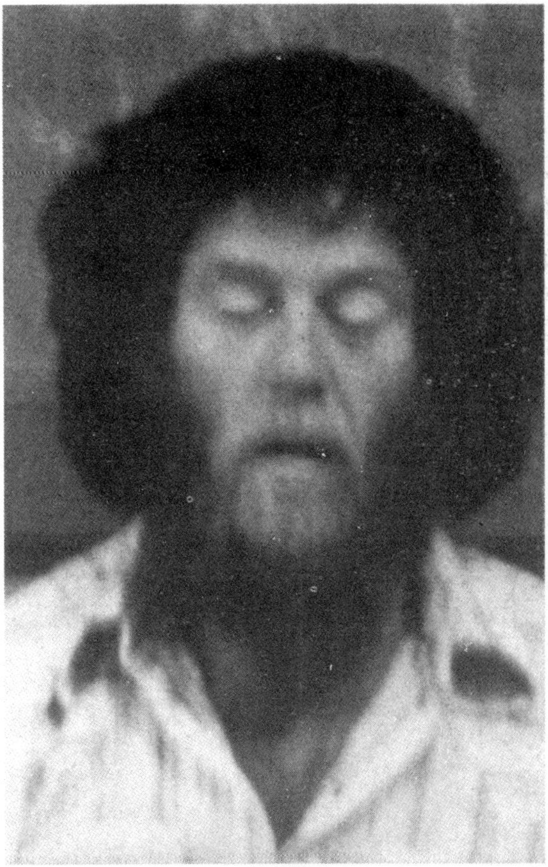

‘‘Voilà : moi je suis Paul
et je vous aime tous.’’

“Je suis arrivé effondré, et je suis reparti le cœur léger.”

On donne à manger à Géri.

Géri dicte son dessin.

Géri avec Elisabeth Kübler-Ross.

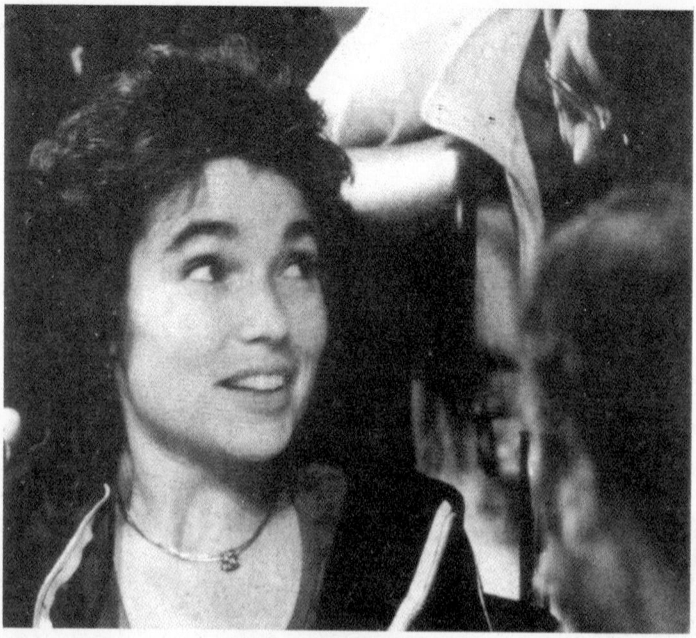

Géri : “J’ai cessé d’avoir peur.”

Tanya.

Elisabeth Kübler-Ross montre le dessin de Géri.

"Il me manquait une partie de moi-même."

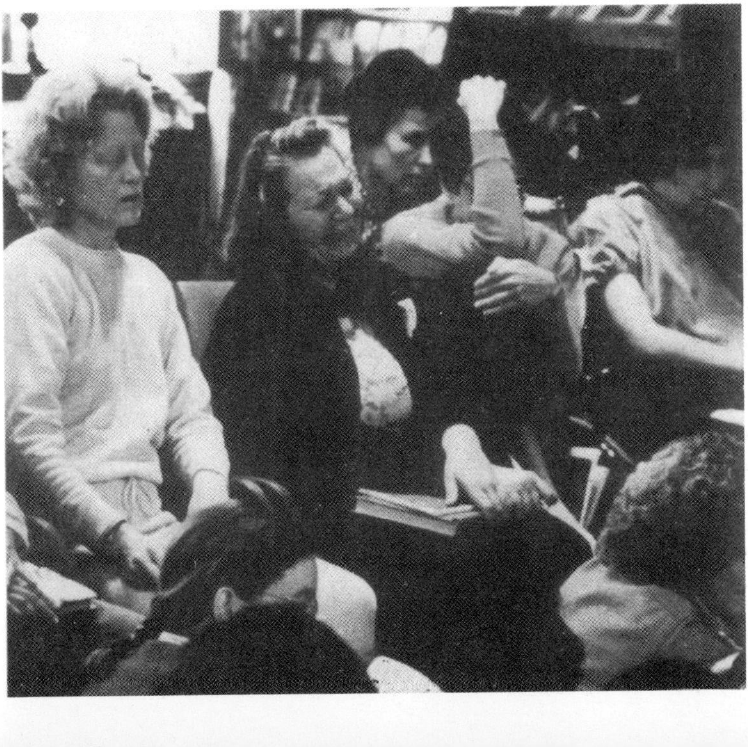

“Je n’avais plus l’impression d’être en vie...”

Tanya chante en russe.

Tanya, le jour du départ.

Elisabeth Kübler-Ross.

XIII

Les quadriplégiques

Comment rendre compte de ce qui, par nature, échappe au langage et à une compréhension purement intellectuelle? Il est pratiquement impossible d'expliquer ce qui s'est vraiment passé dans un atelier. D'abord, parce que c'est une question d'amour, de tendresse, de sincérité; et ensuite parce que ce n'est que l'amorce d'une longue évolution. Des années après, je reçois toujours des lettres d'anciens stagiaires, soucieux de me tenir au courant de leurs progrès; lesquels sont réalisés, faut-il le préciser? sans l'aide d'aucun psychologue ou psychiatre.

J'ai depuis toujours accordé une attention particulière aux infirmes et aux invalides. A force de voir des enfants handicapés, j'ai pu ainsi constater qu'un aveugle, un sourd, un muet ou un paralytique est rarement considéré comme un être humain à part entière, libre et responsable, mais qu'on a presque toujours tendance à l'infantiliser, voire à l'ignorer ou à le rejeter. Par réaction, il se replie sur lui-même et il devient inaccessible.

Confrontés chez nous aux souffrances des autres, ces gens s'aperçoivent qu'il n'est pas besoin d'être malade pour souffrir le martyre et trouver la vie atroce... Dès lors qu'ils cherchent à communiquer, nous devenons leurs bras, leurs jambes, leurs yeux... A preuve le témoignage de cette quadriplégique, qui a pourtant eu bien du mal au départ à s'intégrer au groupe.

Eileen

« Cet atelier m'a fait un bien fou. Le vendredi matin, je me suis réveillée sereine et confiante, pleine d'une grande paix intérieure qui ne va plus me quitter. Je serai alors bien plus disponible... bien plus sûre de moi aussi, et bien plus équilibrée !

Je ne saurais vous dire tout ce que je vous dois. A mes yeux, vous êtes une véritable bénédiction.

Quand je pense à vous, c'est toujours votre naturel, votre simplicité, et aussi, parfois, disons-le, votre timidité, qui me frappent. Et j'éprouve toujours un petit pincement au cœur en songeant à ce à quoi vous consacrez votre vie...

Je me sens maintenant si proche de vous... Cet atelier, pour moi, aura tenu du miracle. Quelle surprise, au début, de tomber sur quelqu'un comme vous, qui accepte sans façon ce qu'on lui donne. Mon ami était carrément ravi de pouvoir vous offrir un café ! Le plus drôle, là-dedans, c'est que recevoir, c'est déjà donner. Et vice versa.

Quand je songe à ma vie, et que je me demande pourquoi je me retrouve paralysée, la réponse vient d'elle-même : « Pour apprendre à recevoir. » Ça paraît peut-être simple, mais vous savez bien, personnellement, que ce n'est pas si facile...

Bonne nouvelle ! L'an dernier, à Flossmoor, vous vous en souvenez, je vous ai longuement expliqué, au salon, pourquoi je ne pouvais pas aller en Californie. Vous vous êtes penchée vers moi : « Laisseriez-vous donc un fond de tristesse gâcher votre vie ? » m'avez-vous demandé. Bon, alors je suis venue, j'ai fait un travail sur moi-même, et ça s'est débloqué. Je n'aurais jamais cru dépendre à ce point de mon petit environnement protecteur. Jamais non plus je n'aurais imaginé que cela me tenterait d'aller passer l'hiver sur la côte Ouest. A première vue, il ne faut pas trop y compter. Je sais pourtant que ce voyage se fera, si Dieu le veut...

Avec toute mon affection,

Eileen »

Il est prodigieux de voir à quel point les gens comme Eileen, atteints de sclérose en plaques et qui se retrouvent complètement paralysés, peuvent changer en l'espace de quelques jours. Vu leur état, ils font l'objet de soins constants, et ils vivent à un rythme entièrement différent du nôtre — ce qui les rend souvent bien capricieux. Ils sont fréquemment très exigeants, en venant s'inscrire : il leur faut leur chambre particulière, leurs amis, leurs gardes-malades... Afin d'éviter tout malentendu, je précise d'emblée qu'ils n'ont le droit d'amener qu'une personne avec eux, vu que nous avons toujours sur place suffisamment de médecins, de psychologues ou d'infirmières pour parer à toute éventualité...

Dès lors qu'ils se plient à cette condition, tous les espoirs sont permis — même si au départ je sens bien qu'ils m'en veulent et qu'ils boudent dans leur coin. Pour s'ouvrir aux autres et s'impliquer dans le groupe, il leur faudra au préalable prendre conscience de ce qui ne va pas chez eux. Je disais tout à l'heure qu'il était presque impossible de rendre compte de tous les changements intervenus chez des gens comme Eileen, à l'issue de ces ateliers. C'est vrai, je n'exagère pas. Mais laissons-lui plutôt la parole. J'ai reçu, au bout de six mois, une lettre que je ne devais ouvrir qu'après sa mort. La voici :

« A ma famille et à mes amis,

Ce que j'ai à dire est très simple, mais vous me connaissez... J'ai demandé à Maribeth de lire cette... Tu ris, Elizabeth, mais je sais que tu as le cœur gros... Je t'aime !

Pour l'heure, j'ai conscience de n'être pas grand-chose, avec mon petit moi... Kathy Sullivan m'a dit un jour : « Tu es bien contente, n'est-ce pas, d'être toi-même ? Eh bien, dis-toi maintenant que tu es plus que ça, car en toi, il y a Dieu ! » C'est à peu près là que j'en suis en ce moment, et je n'oublie pas que jamais je n'aurais pu, sans vous, apprendre à me connaître... et à découvrir Dieu en moi !

J'ai désormais atteint une plénitude, une richesse incomparables, en moi-même et en Lui. Vous êtes chacun un peu de moi. C'est vous, d'une certaine manière, qui m'avez faite.

Comment vous remercier?

Je suis libre comme l'air... Je vais au bal (je danse à merveille !)... Je cours sous la pluie, je me promène toute nue au bord de la mer, caressée par la douce et merveilleuse lumière divine. Et je reste toujours auprès de vous ; je goûte vos larmes, je partage votre détresse. Tenez, je vous ai apporté un cadeau ! Un amour, pur, limpide et salutaire...

Imaginez un peu ce que serait le monde, si chacun ici-bas s'ouvrait, et se laissait guider par l'amour...

C'est ça, mon cadeau. Pendant que vous êtes là, pour célébrer ma nouvelle vie, je voudrais en profiter pour vous insuffler à tous cet amour ; servir en quelque sorte d'intermédiaire entre vous et le Bon Dieu. Ne vous inquiétez pas ; je lui ai demandé, et il est d'accord !...

Alors, de grâce, chassez tout ce qui ne va pas, ouvrez votre cœur, votre esprit et votre âme, et goûtez l'amour d'un Père tout puissant et bienveillant.

Oui, vous en êtes tous capables ! Bon, alors, d'accord pour communier tous ensemble une dernière fois ?

Eileen Marie Kral »

(7 mai 1940 - 15 novembre 1980)

Geri

Une autre quadriplégique de nos amis s'appelait Geri. Originaire de l'Illinois et cadette d'une famille de deux enfants, cette jeune personne habitait la région de San Francisco depuis l'âge de dix ans. L'année de son entrée à l'université, on diagnostiquera chez elle les premières atteintes de ce mal terrible qu'est la sclérose en plaques. Elle quittera alors définitivement sa famille, et elle s'en ira vivre dans un centre spécialisé tout en poursuivant ses études. Finalement, son diplôme en poche, elle s'installera comme psychologue-conseil.

Je lui ai demandé de nous livrer, elle aussi, ses impressions sur Shanti Nilaya. Voici son témoignage :

Geri

« Bonjour, Elizabeth ! Ça fait un bail que nous n'avons pas discuté toutes les deux. Bon, d'abord, il faut que je vous explique où j'en étais, avant mon premier séjour à Shanti Nilaya, en octobre 1977. A l'époque, j'étais totalement désespérée, et je n'avais plus goût à rien. Les médecins ne m'avaient pas caché que je devrais tôt ou tard subir une trachéotomie, voire être branchée sur poumon artificiel, et je n'avais pas du tout envie d'en arriver là. Bien décidée au contraire à en finir le plus vite possible, j'avais quasiment cessé de m'alimenter depuis un an et demi — ce qui, soit dit en passant, m'obligeait à employer des ruses de Sioux avec mon entourage, qui me donnait la becquée — et j'étais devenue squelettique...

Depuis quelques semaines, pourtant, j'avais retrouvé un semblant d'appétit. Mais je respirais de plus en plus mal, et l'on parlait avec insistance de me relier à un poumon artificiel. On ne m'avait pas dit ouvertement que j'allais bientôt mourir, mais je sentais bien, moi, que je n'en avais plus pour longtemps. C'est alors que je vous ai entendue parler à Los Angeles, au congrès de l'Association américaine des Handicapés, et il s'est produit un déclic chez moi. J'ai compris, en mon for intérieur, que, puisque précisément j'étais condamnée à plus ou moins brève échéance, il me fallait profiter au maximum du temps qu'il me restait à vivre ici-bas...

Seulement, je n'arrivais pas à sauter le pas, et à me résoudre pour de bon à venir vous voir. D'abord, ça me terrifiait de me retrouver dans un groupe ; et ensuite, j'étais quasiment certaine de ne pas en revenir vivante...

Cet atelier va me rassurer complètement. La vie, je le découvrirai alors, est un trésor d'une valeur inestimable, dont il faut profiter à fond. Je ne sais pas trop à quoi c'est dû, mais j'imagine que les autres y sont pour beaucoup...

Au début, je me rappelle, je n'arrivais pas à pleurer, et j'avais l'impression d'être anormale. Vous m'avez rassurée, en m'expliquant que j'avais sans doute appris très tôt à taire mes sentiments et à dissimuler mes émotions, et que l'on ne pouvait pas changer du jour au lendemain. Ça m'a complètement remonté le moral, et je suis ensuite rentrée chez moi gonflée à bloc.

Là, il faut bien voir que mon attitude va changer du tout au tout. D'abord, je vais me préparer à mourir et prendre à cet égard toutes mes dispositions, en engageant une garde-malade et en interdisant formellement aux médecins de jamais me brancher, quoi qu'il advienne, sur poumon artificiel. Peu m'importait, désormais, de quitter ce monde bientôt, ou de tenir encore des années : la question n'était pas là. Non, ce que je voulais, c'était aller jusqu'au bout, achever le processus engagé à Shanti Nilaya et tuer en moi la vieille Geri, celle qui étouffait l'autre...

Je suis retournée à l'une de vos conférences, en mars ou avril 1979, je ne sais plus exactement. C'est alors que vous m'avez invitée à revenir passer une semaine à Shanti Nilaya. Sur le coup, j'ai bien failli refuser, hein ; mais enfin, je me suis reprise aussitôt et j'ai dit oui...

Il est vrai que je n'en pouvais plus de vivre dans le mensonge. Depuis le début, oui, je jouais la comédie ; et ça ne pouvait plus durer. Seulement, il n'est pas si facile de renoncer à ses vieilles habitudes, surtout quand on y trouve son compte. J'avais parfaitement rodé mon numéro de grande malade, voyez-vous : tout le monde était à mes petits soins, on me cédait tous mes caprices. Bien sûr, ce n'était pas vraiment le bonheur...

Non, mais, au moins, ça me rendait la vie supportable. D'ailleurs, j'étais très prise — enfin, façon de parler ; disons que je m'occupais de tas de choses, pour oublier le reste. J'évitais ainsi de me retrouver face à moi-même ; une attitude de fuite, en somme, qui me procurait un calme et une sagesse complètement illusoires. Il fallait absolument que j'arrête mon cinéma — dussé-je en pleurer des larmes de sang ; et Dieu sait que pour moi ça signifiait une cruelle remise en question... Voilà ce qui m'a déterminée à revenir à Shanti Nilaya.

Là-bas, c'est vrai, j'ai d'abord eu un comportement bizarre. Au début, j'écoutais, impassible, les autres faire le récit de leurs malheurs. Apparemment, ça me laissait indifférente. Mais, au fond, j'étais bouleversée, et je brûlais d'envie d'intervenir moi aussi... Alors, d'un seul coup, j'ai craqué. Personne ne s'en est aperçu, sur le moment, sauf Jaima. Je lui avais demandé de me conduire aux toilettes ; là, devant le lavabo, je me suis effondrée en larmes. Je pleurais comme une fontaine. C'était horrible. Le pire, c'est que je ne savais même pas pourquoi...

Même scénario le lendemain soir, mercredi, à l'heure du repas. Là encore, je me suis mise à sangloter devant la glace. Jaima a tenté de me réconforter. Nous sommes sorties toutes les deux dans la cour, mais j'ai piqué une nouvelle crise de larmes en entendant sonner le carillon. Jaima m'a alors ramenée à l'intérieur, dans la petite pièce, et elle m'a installée sur le matelas. Je pleurais tout mon soûl ; j'étais inconsolable... Voyant cela, elle est allée vous chercher.

Vous vous êtes assise à côté de moi, et cela a suffi à me calmer. Je me suis alors mise à parler ; de tout et de rien ; de la mort de ma mère, par exemple, qui m'avait tellement culpabilisée, à l'époque, et aussi du fait que je n'avais jamais su communiquer avec les autres ni exprimer ce que je ressentais...

Brusquement, tout ce que j'avais soigneusement refoulé, ma tristesse, mon désespoir, est remonté à la surface. Et ce n'était que le début : de retour à la maison, je vais continuer à pleurnicher chaque fois que l'on me conduira aux toilettes, ou qu'on me lavera la tête, ou qu'on me brossera les dents — toutes choses qu'un individu normal accomplit machinalement, mais que, moi, je suis incapable de faire par moi-même...

Ah oui, vraiment, quelle terrible humiliation, que de ne même pas pouvoir aller au petit coin toute seule ! Je manquais dramatiquement d'autonomie. Depuis quinze ans, je vivais en pleine tragédie. Mais je n'en laissais rien voir ; toujours souriante et de bonne humeur, jamais je ne me plaignais ni ne faisais de manières. En réalité, cette apparente sérénité cachait un profond désespoir.

Ce n'était au vrai qu'un mécanisme de défense, une manière de fuir une situation insupportable, qui m'échappait complètement...

Bref, je continuais à tricher, avec mon état physique, avec ce que je ressentais, et dans mes rapports avec les autres. Mais voilà, à Shanti Nilaya, il m'a bien fallu regarder les choses en face, et admettre que c'était à moi de m'assumer, que personne ne pourrait le faire à ma place. Je ne pouvais plus me bercer d'illusions et m'imaginer que la mort viendrait bientôt me délivrer de mes tourments. Non, il me fallait être réaliste, j'en avais encore pour des années à vivre, et il était grand temps de me prendre en charge...

Je me souviens de cette dame, dans le premier atelier, qui venait de perdre son enfant. Ça l'avait complètement chamboulée, et elle hurlait de rage en frappant le matelas... Pauvre femme ! Je ne sais pas pourquoi, mais, à la voir comme ça, j'ai éclaté en sanglots. J'aurais tellement aimé que l'on pense un peu à moi, dans ma famille...

Lors de mon second séjour à Shanti Nilaya, j'ai fait la connaissance d'une autre personne, dont le mari était atteint, lui aussi, de sclérose en plaques. Ça m'a fait un coup au cœur, d'apprendre qu'elle avait été obligée de le placer dans un centre spécialisé. Depuis toujours, c'est ma hantise, terminer à l'hospice...

La vie, c'est drôle, quand même. Il a suffi que soudain j'ai envie de faire pipi pour prendre conscience de ma misère. Sans doute parce que, ce jour-là, nous avions fait sauter tous les blocages, et que ma détresse m'est apparue au grand jour, inévitable, incontournable. Tout mon système de défense s'est effondré...

Quand on a le courage d'exposer ainsi devant les autres ses chagrins et ses peines, on les incite à faire pareil et à entreprendre à leur tour un examen de conscience. Je veux dire dans la vie en général, pas seulement à Shanti Nilaya. Du coup, on se retrouve plongé dans un océan de douleur. Mais on n'a plus peur ; non, car tout le monde est dans le même bain, et personne ne songe à se défiler. Chacun se sent au contraire invité à verbaliser tout le non-dit qui faisait jusqu'alors obstacle à son bonheur.

A Shanti Nilaya, on jette le masque. Chacun se présente comme il est, avec ses forces et ses faiblesses, et il s'engage à jouer le jeu honnêtement et à aller jusqu'au bout, sans se soucier du reste. Tous, nous sommes guidés par une exigence de franchise et de transparence intégrales.

Cela dit, il faut bien reconnaître que, dans le premier atelier, nous avons eu un mal fou, au début, à établir la communication. Nous restions tous sur nos gardes. La déception était générale, et ça faisait jaser. Jusqu'à ce que quelqu'un se décide à se lancer. Une femme qui s'en est prise aux fumeurs, en leur reprochant d'asphyxier tout le monde avec leurs cigarettes. Le pire, disait-elle, c'est qu'on ne pouvait pas échapper à la fumée, et qu'ils ne nous laissaient pas le choix. Bon, en général, quand je me trouve dans un groupe, j'essaie de ne pas me faire remarquer et je reste dans mon coin. Alors donc, là, il y avait cette dame, qui expliquait qu'elle étouffait dans cette tabagie ; et on l'écoutait dans un silence religieux...

Et voilà que, brusquement, je mets les pieds dans le plat, et que je lâche que nous avons toujours le choix, et que nous sommes libres. Je ne sais pas, ça m'est venu comme ça, sans réfléchir. En tout cas, ça suffira à changer radicalement l'atmosphère du groupe...

D'ordinaire, on n'ose pas parler de ses problèmes — chagrins, peurs, regrets, amertumes, colère, sentiment de culpabilité, etc. —, mais on garde tout ça pour soi. L'ennui, c'est qu'à ce petit jeu on ne vit qu'à moitié. A Shanti Nilaya, par contre, nous étions là pour tout dire, pour tout avouer. Et quand on est capable d'assumer ses émotions, on atteint une plénitude, une richesse incomparables.

Ce qu'il y avait de différent dans le second atelier par rapport au premier, c'est que là, on pouvait crier ; et cela, à mon sens, a joué un rôle déterminant. Nous avions tous des raisons de pleurer et de hurler. Fondamental. Par ce biais, nous avons pu nous libérer de tout ce qui nous torturait. Personnellement, j'ai toujours été très impressionnée par ce tableau intitulé *Le Cri*. Pas facile de représenter un cri, mais, en l'occurrence, le peintre y est parvenu avec bonheur.

J'y vois, je l'avoue, comme une espèce de phénomène de contagion. Mais il n'empêche qu'au départ chacun avait fait un choix. En tout cas, ou bien nous étions tous très courageux et parfaitement disponibles, ou bien il se passait quelque chose...

Nous disposions de quatre jours, nous avez-vous dit, pour atteindre notre objectif. Quatre jours pour « nous reprendre » ; plus qu'une invitation, cela sonnait comme un défi...

Reste que nous nous trouvions dans un environnement protégé, et sous surveillance constante. Il y avait toujours quelqu'un dans l'équipe pour prendre en charge celui ou celle qui, sans être expressément en train d'assouvir sa rage sur le matelas, risquait néanmoins d'exploser d'un moment à l'autre. Vous faisiez très attention, par ailleurs, à ce qu'il n'arrive aucun incident, et à ce que personne, par exemple, ne se cogne ou ne se blesse en prenant du recul, quand soudain l'un d'entre nous entrait en crise. C'était à la fois très rassurant et très motivant pour tout le monde...

Au bout du compte, ce second atelier m'aura marquée d'une façon beaucoup plus profonde que le précédent. La première fois, à mon retour, je ne tarissais pas d'éloges sur Shanti Nilaya, j'en parlais à tout le monde. Sans doute cherchais-je inconsciemment à exorciser ce que je venais de vivre. Ce coup-ci, par contre, je me montre très discrète. Je n'ai pas envie de l'étaler sur la place publique, ou bien alors c'est tellement personnel que je ne trouve pas les mots pour l'expliquer. Je ne me vois pas dire : « Il faut que je te raconte : je viens de passer une semaine en Californie, au bord de la mer, et... »

D'ailleurs, comme cette prise de conscience s'est opérée à plusieurs niveaux, je n'ai pas encore eu le temps de tout intégrer. Dans un premier temps, je me suis laissé porter, et je ne faisais pas grand-chose. Désormais, ça ne me suffit plus, et j'ai à nouveau besoin de m'occuper. Je trouve ça éminemment suspect, mais enfin je ne suis pas dupe...

On ne peut pas dire que j'ai trouvé le bonheur à Shanti Nilaya. Mais au moins ça m'a libérée de mes peurs. Cela a réveillé chez moi des tas de choses enfouies, que j'ai pu alors revivre et exorciser...

L'une des choses les plus marquantes, dont nous n'avons pas parlé, vous et moi, c'est le tournant qui est intervenu au milieu, ou disons aux trois-quarts, de cet atelier ; lorsque j'ai vraiment eu le sentiment d'effectuer une rupture avec tout ce qui m'avait empoisonné jusque-là l'existence, et de m'engager dans une voie positive. Dans le premier atelier, le changement s'est opéré de manière saisissante. J'ai eu alors l'impression physique de me libérer d'un poids. Mon second dessin, d'ailleurs, représentait des ballons, flottant au vent — à l'image de ce que je ressentais...

Rien de tout ça dans le second atelier. Oh, bien sûr, ça m'avait fait du bien de dire tout ce que j'avais sur le cœur. Mais en même temps j'étais effrayée par tout ce qui ressortait. C'était plutôt comme si je devais réapprendre à me connaître ; et, comme vous me l'aviez dit, il y faut le temps, et souvent ça fait mal. A défaut donc de liberté, j'y ai retrouvé mon authenticité. Enfin je ne trichais plus ! Enfin j'étais moi-même !...

Il faut sans doute aussi tenir compte du fait que je suis sceptique de nature. Je ne crois pas, comment dire, aux guérisseurs. Non, en règle générale, je ne crois pas que quelqu'un puisse avoir des dons surnaturels, et je ne crois pas non plus que mon état physique puisse s'améliorer. D'une certaine manière, cet atelier m'a fait comprendre que la question n'était pas là. Ce qui compte, c'est que je suis atteinte de sclérose en plaques, et qu'il me faut faire avec — le tout étant de savoir comment...

Partant de là, il ne me reste plus qu'à vivre au jour le jour, point à la ligne. Je n'ai pas envie de passer mon temps à me demander si ma santé va ou non s'améliorer. J'ai autre chose à faire. On me reproche constamment de ne pas me soigner comme il faut, de ne pas aller consulter les meilleurs spécialistes, de ne pas essayer les derniers traitements. Mais justement, je ne veux pas me laisser envahir par la maladie ; je veux vivre, et faire ce qui me plaît...

Juste avant de venir à Shanti Nilaya, j'ai commencé à m'occuper, dans le cadre d'un programme de l'Université de Los Angeles, de gens atteints comme moi de sclérose en plaques. Je poursuis bien entendu mon action, mais dans une optique complètement différente. Je ne m'en tiens plus désormais à mon seul rôle de psychologue, qui se contente d'écouter et de donner des conseils, mais au contraire je m'investis complètement dans le groupe, et je fais profiter chacun en particulier de ma propre expérience. Après tout, moi aussi, je souffre du même mal... Auparavant, je faisais surtout de la théorie ; maintenant, je m'implique vraiment. Et cela, je le crois, grâce à ce second atelier ; parce que, là-bas, j'ai appris à jouer cartes sur table... »

Otty

L'une des contributions les plus émouvantes viendra d'une certaine Otty, une personne remarquable à maints égards. Elle m'a transmis ce petit texte, griffonné sur du papier brouillon. Je l'ai conservé précieusement, et je suis maintenant en mesure de vous le livrer :

« Ça finissait par m'exaspérer, d'entendre tous ces gens parler d'eux-mêmes et s'apitoyer sur leur sort. Moi, je ne me sentais pas dans le coup, j'avais l'impression d'être sur la touche, et j'en arrivais à me détester et à me trouver odieuse. En vérité, je n'osais tout simplement pas avouer ce qui, depuis des années, transformait ma vie en cauchemar — à savoir que, suite à une iléostomie pratiquée dans ma jeunesse, je vivais depuis plus de trente ans avec un anus artificiel... Je vous en ai quand même touché un mot, vers le milieu de la semaine, et vous m'avez alors invitée tout de go à montrer mon « appareillage » à mes 70 compagnons ! Effarant ! J'ai absolument refusé de me prêter à cette forme d'exhibitionnisme d'un goût douteux. Ça m'a d'ailleurs tellement choquée que j'ai sauté la séance suivante.

Mais enfin je me suis ressaisie, et le lendemain matin j'étais là avec les autres. Vous m'avez fait signe. Je suis venue vous voir, en priant le Ciel que vous ayez changé d'idée. Pas du tout. Vous m'avez au contraire demandé comme la veille de dévoiler aux autres mon terrible secret. Je n'en menais pas large. Cramponnée à votre main, d'une voix tremblante, j'ai donc confessé mon drame. Cela a suffi à déclencher une véritable crise de nerfs chez un jeune paraplégique. Brusquement, il s'est avancé, il a glissé de son fauteuil sur le matelas, et il s'est mis à le frapper en hurlant...

Après quoi il est retourné s'asseoir. Toutes mes craintes et mes réticences se sont alors évanouies comme par enchantement, et j'ai accédé de bonne grâce à votre requête. Comme nous nous trouvions sous la tente, en pleine campagne, vous vous êtes arrangée pour que l'on me reconduise après au centre, afin que je puisse remettre en place mon « équipement »...

Je l'ai donc enlevé devant tout le monde, révélant cet affreux stigmate, l'abouchement iléal par où s'expriment les selles. De votre côté, vous avez tout de suite prévenu les délicats qu'il n'était pas question de détourner les yeux ou de se pincer le nez, sous peine d'exclusion immédiate. Alors ils sont venus, tour à tour, constater de près la nature de mon affliction. Fidèle à vos directives, je soutenais à chaque fois leur regard, dans lequel se lisait amour et charité...

Quand ensuite je suis allée replacer mon appareil dans la salle de bains, devant la glace, j'ai pu enfin me contempler sans honte ni dégoût, pour la première fois en trente ans !

A mon retour, mes compagnons qui, à les entendre, venaient de prendre une grande leçon, loueront mon courage et mon humilité... »

XIV

Suicide, acceptation et lâcher prise

Tout le monde ne profite pas autant, loin s'en faut, de ces ateliers. Les personnes qui en retirent le moins — les plus touchées, en fait — sont en général celles dont un enfant s'est suicidé.

On a d'autant plus de mal à accepter la mort d'un enfant que l'on place en lui tous ses espoirs.

Mais dès lors que l'on accepte de se remettre en question et de faire le point sur ce qui ne va pas, on découvre progressivement que la vie vaut toujours d'être vécue, que l'on est parfaitement libre de ses émotions et qu'il ne faut pas avoir peur de relever le défi.

Ainsi, sur les sept suicidaires qui ont participé à notre atelier de Ramona, six sont repartis guéris.

Voici maintenant la lettre que m'a adressée Tanya, une dame dont le fils, psychiatre, avait quelque temps plus tôt mis fin à ses jours :

« Tout d'abord, je ne sais comment vous remercier, ni vous exprimer ma gratitude. Mais pas de grands mots. Venons-en au fait. Vous voulez savoir ce qu'au départ Shanti Nilaya représentait pour moi, et ce que j'en attendais. C'est une amie, C.G., qui m'en a parlé pour la première fois. Nous nous sommes rencontrées dans un groupe d'entraide pour femmes. Elle était venue vous voir avec son mari, après la mort de leur fils. Ils m'ont donné votre numéro de téléphone et je vous ai aussitôt appelée, pour vous résumer en deux mots ma situation. « Venez tout de suite. Nous allons vous aider à franchir le cap », m'avez-vous dit — enfin, quelque chose comme ça. En tout cas, le seul fait de vous entendre, le son de votre voix, les mots que vous avez employés, votre ton, tout cela a suffi à me remonter le moral. Vous sembliez tellement persuadée que ça m'aiderait à m'en sortir...

Je suis venue en voiture, je me souviens, cramponnée à mon volant en pleurnichant et en faisant à peine du soixante à l'heure. J'étais folle de rage. J'avais envie de tout casser, de tuer tout le monde sur mon passage, tellement ça me révoltait que mon fils ne soit pas là pour admirer avec moi le paysage. Il adorait conduire, Creed, et il aimait énormément San Diego. Nous avions fait si souvent la route, lui et moi, quand il était gosse... Par la suite, c'était lui qui prenait le volant.

J'avais maintenant dépassé le stade de l'effroi. Oui, j'étais carrément sonnée, abîmée dans ma douleur et dans mon désespoir, et complètement indifférente à ce qui se passait autour de moi. Plus rien n'avait d'importance. Non. Saûf qu'il y avait quelque part, en Californie, des gens qui avaient décidé de mettre leurs problèmes en commun pour mieux les résoudre...

En arrivant, je suis d'abord tombée sur Mal. Il était en train de décharger votre voiture. Je ne le connaissais pas, mais il avait l'air gentil, et il m'a souri. Sur le coup, ça m'a étonnée. « Pourquoi est-ce qu'il me sourit comme ça ? » me suis-je demandée. J'ai pris mes affaires, et je suis entrée. Là, j'ai découvert Boots. Elle est venue à ma rencontre, comme toujours aimable et le cœur sur la main, et elle m'a expliqué où se trouvait ma chambre. Tout cela me mettait déjà du baume au cœur...

Que dire d'autre, sinon que chacun, à l'évidence, avait ses raisons pour être là, et que, pour ma part, j'étais sûre que votre voix, votre force intérieure et votre absolue intégrité cimenteraient l'unité du groupe...

Quant à vous expliquer comment j'ai vécu cet atelier... Pour nous mettre à l'aise, vous avez commencé par parler de vous et par nous raconter comment, en tant que triplée, vous aviez jadis souffert de graves problèmes d'identité... Déjà, ça m'a rassurée. De votre côté, le fait de vous placer à notre niveau vous a permis de vous couler, pour ainsi dire, dans notre peau, et de nous guider tout doucement dans la bonne direction. Grâce à quoi nous sommes tous devenus une grande famille, soudée par une commune aspiration...

Si nous étions tous solidaires, c'est parce qu'au sein du groupe nous avions surmonté nos différences, et qu'à la base chacun se sentait concerné par ce qui se disait ou se passait autour de lui, et qu'il s'efforçait d'en retirer le maximum. Pour ma part, je m'associais pleinement à la douleur et au drame de mes compagnons. Sans du reste cesser de penser un instant à Creed, et de me demander pourquoi, oui, pourquoi, il n'avait pas pu venir, lui aussi, à Shanti Nilaya, et à tout le bien que ça aurait pu lui faire...

Quoi qu'il en soit, je ne craignais plus, cette fois, de m'impliquer dans le groupe et de participer au grand déballage. Je m'en remettais désormais à votre amour, et à la sollicitude de mon entourage. Seul comptait ce que j'étais en train de vivre ici. Pour le reste, je n'avais pas à m'inquiéter, les enfants étaient en sécurité à la maison, et je pouvais donc m'abandonner librement à mes émotions.

Je ne m'étais pas encore, loin de là, résignée à la mort de Creed. Il y avait trop de choses qui, à mon sens, auraient pu l'aider à vivre. De votre côté, vous m'avez expliqué, je m'en souviens, « que les plus belles fleurs poussent sur le fumier », et qu'il fallait savoir tirer la leçon de ses malheurs ou de ses échecs pour les transformer en victoires. Pour moi, ce sera le déclic.

Vous disiez, à juste titre, que le plus dur, c'est de se réinsérer dans le monde. Difficile, en effet, de revenir à la soi-disant réalité, quand on a affaire à des zombies qui trichent avec eux-mêmes et qui sont incapables de ressentir une émotion sincère. Personnellement, je ne sais pas vraiment ce que je veux, ni où je vais. J'espère seulement pouvoir faire un jour quelque chose pour Shanti Nilaya.

Je n'ai pas non plus de mots assez forts pour exprimer ma gratitude envers Mal. D'abord, il m'a accueillie en souriant lors de mon arrivée. Ensuite, il n'a cessé de m'encourager tout au long de ces cinq jours. Toujours prévenant, délicat, attentif à ce que je disais, il m'a remonté le moral...

D'une manière générale, je sais gré à tout le monde de m'avoir aidée à pleurer, à crier, à « sortir » tout ce que je gardais par devers moi. Au départ, la timidité me retenait, j'avais peur de me donner en spectacle et de me tourner en ridicule. Mais on m'y a gentiment poussée : « Vas-y. Tu ne déranges personne, au contraire. » Maintenant, je ne crains plus de dire et de manifester ce que je ressens...

L'essentiel, pour moi, c'est d'avoir pu soulager mon cœur et exprimer ma peine, l'affreux chagrin qui me rongeait jour et nuit. Tout se ramenait à la mort de mon fils. Je n'en sortais pas ; ça ne me laissait pas un seul moment de répit. Cet atelier m'a permis, en revanche, de me concentrer sur ma douleur et de la laisser sortir pour de bon. Moyennant quoi je me suis sentie revivre, et j'ai senti aussi que Creed, d'une certaine manière, était toujours vivant lui aussi...

J'ai vite déchanté, à mon retour à la maison. J'ai alors compris que pour tout le monde Creed était bel et bien mort et enterré. On ne parlait plus de lui. Personne ne voulait en discuter. Je me suis donc repliée sur ma famille, avec mes filles, lesquelles ne se montraient au demeurant guère plus loquaces. Apparemment, personne ne comprenait ce qui m'arrivait. A croire que tout le monde se bouchait les yeux ou regardait pudiquement ailleurs, et que j'étais la seule à souffrir de l'absence de mon fils.

Si jamais je pleurais, je me faisais gronder par mes filles — l'une d'entre elles, notamment, trouvait ça absolument insupportable. L'aînée, quant à elle, ne desserrait pas les dents. Une fois ou deux, pourtant, elle a bougonné que Creed avait commis une folie, que ça ne la concernait pas, et qu'elle refusait d'en parler tant que je réagirais ainsi. Bref, non seulement elle m'envoyait promener, mais elle faisait comme si Creed n'avait jamais existé...

Il n'y avait guère que la plus jeune pour se montrer indulgente. Quand par exemple je me mettais à sangloter au volant, elle essayait de me consoler, et elle me disait : « Voyons, maman, arrête de pleurer ! Tu es en train de conduire. Creed est mort, on n'y peut rien. Il faut vivre dans le présent. » A sa façon, elle me maternait, du fait que j'étais incapable de me prendre en charge. Je me rendais bien compte que j'agaçais tout le monde, et qu'on avait envie de me dire : « Ressaisis-toi, enfin ! Ça va s'arranger, tu verras. Il est temps d'oublier et de reprendre une vie normale. » J'ai pourtant mis bien longtemps avant d'en arriver là...

Si donc à l'atelier j'ai pu dire tout ce qui me faisait souffrir et parler à cœur ouvert de ma douleur et de mon chagrin, à mon retour à la maison, par contre, je me suis heurtée à l'incompréhension générale. Du coup, ça m'a bloquée, je me suis sentie coincée et totalement désarmée. Ces quelque cinq jours à Shanti Nilaya m'avaient donné un avant-goût du travail qu'il me restait à faire. Il me fallait maintenant aller jusqu'au bout et vider l'abcès une fois pour toutes. Mais je savais aussi, hélas ! que je ne pourrais pas y arriver toute seule...

Je brûlais d'envie de retourner à Shanti Nilaya. Il n'y avait que ça qui pouvait me faire du bien. Autrement, je n'avais aucun secours à attendre de personne, et j'avais l'impression d'être entourée de marionnettes avec qui ce n'était pas la peine d'essayer de discuter. Du coup, je ne m'intéressais plus à rien, je ne faisais plus rien, je restais seule, prostrée, à ruminer mon malheur. Bref, il me fallait absolument revenir vous voir.

Il faut dire qu'au départ, quand j'ai appris l'existence de ces ateliers, un fol espoir est né en moi et j'ai alors entrevu la fin de mon calvaire. Jusqu'alors, personne ne semblait en mesure de m'apporter le moindre réconfort. On m'a donc parlé de vous et de votre travail sur la mort. Certes, à première vue, j'étais sceptique, et je ne me sentais pas vraiment concernée. Mais il m'a paru aussi qu'avec votre expérience, on devait pouvoir compter sur vous, les pasteurs à qui je m'étais confiée ne m'ayant, quant à eux, été d'aucun secours...

Je me disais qu'il devait y avoir chez vous une espèce de pouvoir magique ou transcendant, susceptible de me révéler sur mon fils des choses que j'ignorais. C'était surtout ça qui me motivait, car personnellement j'avais l'impression de tomber en loques et de ne pas pouvoir recoller les morceaux. Mes derniers doutes se sont évanouis en vous voyant. J'ai tout de suite senti que vous pourriez m'aider. Nul n'est infaillible, bien sûr, et je savais que, comme tout le monde, vous pouviez vous tromper.

Mais, que voulez-vous? je vous imaginais investie de pouvoirs quasi surnaturels, et je ne doutais pas un instant du résultat. Vous alliez tout régler, tout arranger, répondre à toutes mes interrogations, dissiper toutes mes inquiétudes, apaiser toutes mes angoisses...

Et pourtant... J'ignore toujours ce qui a poussé mon fils à mettre fin à ses jours. Cela reste pour moi un mystère complet. Je n'ai pas réussi à entrer en contact avec lui. A la frustration ressentie, j'ai mesuré tout le chemin qu'il me restait à parcourir, et compris que ce serait un travail de longue haleine. Car, oui, disons-le, j'avais nourri l'espoir naïf de le retrouver, d'une façon ou d'une autre...

L'une des choses qui m'auront fait le plus de bien, dans ce premier atelier, ce sera, par exemple, d'avoir un jour l'impression, en marchant, qu'à travers moi c'était Creed lui-même qui marchait. J'avais pour ainsi dire adopté son pas et sa démarche... Pendant les sessions de travail, j'étais toujours assise au premier rang. Et je l'imaginais, là, parmi nous. D'ailleurs, la présence de médecins dans le groupe me le rendait encore plus proche. Seulement, je n'arrivais pas à me faire à l'idée qu'il soit justement absent, et qu'il ne puisse pas participer lui aussi à cette expérience, qui aurait pu tout bonnement lui sauver la vie. Je ne comprenais pas non plus pourquoi votre action n'avait pas plus d'écho à l'extérieur. Pour moi, c'était vital. Je le sentais là, présent. Peut-être s'agissait-il d'une illusion, mais .en tout cas j'essayais de me mettre à sa place, de réagir comme il l'aurait fait en pareille circonstance.

Je m'en voulais de ne pas être allée jadis avec lui à des réunions de ce genre. Mais, à l'époque, il est vrai, je ne savais pas que ces groupes étaient ouverts à tout le monde; je pensais au contraire qu'ils étaient réservés aux médecins et au personnel soignant, et l'idée ne me serait pas venue de m'inscrire à un atelier, quand bien même j'en aurais appris l'existence.

Jusqu'alors, je n'avais jamais songé à ma propre mort. Désormais, il est de plus en plus évident que la mort de Creed est aussi la mienne, et que toute une partie de moi s'est éteinte avec lui. En réalité, je me sens plus morte que vive.

Seulement, avant de venir à Shanti Nilaya, je me gardais bien de le montrer. Je m'évertuais à donner le change, à faire bonne figure, alors qu'au fond je bouillais de rage. Mais cela, je n'en avais pas encore pris conscience, et, dans ma détresse, je me sentais à la fois trahie et coupable.

Et si jamais il arrivait que l'on s'inquiète de mon silence, je m'efforçais tout de suite d'apaiser les craintes de mon entourage.

Creed représentait tellement pour moi ! Je plaçais tant d'espoirs en lui ! Je ne vivais que pour lui, je n'existais qu'à travers lui... Voilà sans doute pourquoi sa mort a été un tel drame. Il va désormais me falloir apprendre à vivre pour moi-même. Autrefois, la question ne se posait pas, puisque toute ma vie tournait autour de Creed. Apparemment, j'étais comme n'importe quelle mère. Mais, au fond, je savais bien que sans lui je n'aurais été bonne à rien. C'était quelqu'un de très brillant, Creed. Je suis sûre que si j'arrivais à m'intéresser à moi-même autant qu'à lui jadis, ça irait déjà beaucoup mieux.

La mort de Creed n'annule rien de ce qu'il a réalisé ici-bas. Vous m'avez dit vous-même hier qu'il fait actuellement tout son possible pour m'aider, et que je peux compter par ailleurs sur mes anges gardiens. Je voudrais bien en avoir la confirmation. Vous m'avez aussi invitée à revenir à Shanti Nilaya. Je vous ai répondu qu'il me faut conduire et aller chercher tous les jours la petite dernière à l'école. « Faites confiance à vos anges gardiens. Tout va s'arranger, et vous pourrez venir », avez-vous répliqué. J'ai senti aussitôt que vous disiez vrai. D'ailleurs, ce n'est pas compliqué, je vous crois toujours sur parole.

Un jour, à l'atelier, une jeune femme a déclaré comprendre ce que je disais, quand je me mettais à parler en russe. Comme elle avait l'air à cran, vous l'avez invitée à se défouler sur le matelas, puis à tout nous raconter. Elle a commencé à parler, mais elle s'est vite interrompue. A votre demande, j'ai alors chanté quelque chose en russe. Ça a aussitôt provoqué un déclic chez elle. Elle a repris la parole, et du coup elle nous a expliqué en long et en large tout ce qui n'allait pas. Là, cette fois, j'ai eu le sentiment d'être vraiment utile à quelque chose. Et, en même temps, ça me paraissait tout naturel !

Quelque temps auparavant, je vous avais tous fait chanter en chœur un chant russe. Sur le moment, cela m'a semblé tout drôle, mais ça m'a aussi énormément apporté. J'ai eu l'impression de me retrouver, d'une autre façon — un peu comme s'il y avait en moi une force, quelque chose qui puisse servir aux autres. Cela n'avait d'ailleurs rien à voir avec ce que je faisais vraiment ; non, mais je sentais une force en moi, et ça m'a remonté le moral.

Quand je repense à cet atelier, deux images me viennent spontanément à l'esprit : d'abord, la métaphore des plus belles fleurs qui poussent sur le fumier, signifiant qu'il ne faut pas s'arrêter sur les malheurs et les échecs, mais au contraire s'en servir comme de tremplins pour aller de l'avant ; puis la parabole de ces trois personnes qui ne veulent pas s'approcher du bord de la falaise, mais qu'on pousse brutalement dans le vide, et qui alors s'envolent... * Vous nous avez dit là des choses essentielles. En tout cas, si j'y attache une telle importance, c'est que ça m'a redonné un but dans la vie. J'ai certes pris un vif plaisir à chanter ce vieil air du folklore russe — ça sortait de la routine. Mais j'y ai également puisé la force et le courage d'accomplir à mon tour le grand saut, et, qui sait, de m'envoler moi aussi. Mon sort, à l'évidence, reposait entre mes mains; il ne dépendait que de moi de transformer un malheur en bienfait... A partir de là, j'ai repris espoir. J'ai recommencé à croire que j'avais ma place sur terre, et un rôle à jouer...

Oh bien sûr, les progrès sont lents, et j'avance à pas de tortue. Moi aussi, il faut me pousser, et si jamais je m'envole, jusque-là je reviens toujours à mon point de départ. Et tout est à recommencer. Je suis d'ailleurs toujours prête à renouveler l'expérience. A condition qu'on m'accompagne, toutefois ; sinon je sais que toute seule je vais

---

* « Approchez-vous du bord ! dit l'Apollinaire.
— Non, non, ça nous fait peur.
— Approchez-vous !
— Non, non, nous allons tomber. »
Quand ils s'approchèrent, il les poussa,
il tombèrent, et ils s'envolèrent !

me casser la figure. D'où l'importance précisément de votre coup de fil...

Oui, en raccrochant, je me suis soudain senti pousser des ailes. Tout comme la dernière fois, il allait me falloir du courage ; c'était ma vie entière qui était en jeu ! Mais je ne pouvais pas me dérober. Non. D'ailleurs, au fond de moi-même, la décision était déjà prise...

Je me souviens : le jeudi soir, à la veillée, quantité de gens, qui étaient jusqu'alors plutôt demeurés sur leur réserve, se sont laissés aller à des longues confidences devant le feu. Comme nous étions dans les quatre-vingts à défiler à tour de rôle avec notre pomme de pin, ça pouvait durer des heures. Vous nous avez demandé d'abréger, et de nous en tenir à l'essentiel. Mais comment faire ? Il y avait tant à dire ; tant de choses, pour ma part, dont je n'avais pas osé parler plus tôt, et dont j'aurais voulu maintenant me débarrasser une fois pour toutes... Je me suis rendu compte, en allant jeter la pomme de pin dans le feu, qu'il ne s'agissait pas tant d'effacer le passé que de me libérer d'un douloureux fardeau. Oh, ce n'était bien sûr qu'un tout petit pas en avant ; une pomme de pin... Et pourtant, au fond de moi, ça m'a redonné espoir...

Avant de venir, je vivais la rage au cœur. Moi, qui étais autrefois si gaie, j'avais l'air complètement abattue ; je broyais du noir du matin au soir, je n'avais plus goût à rien, je ne m'intéressais plus à rien, ni à personne. Tout m'était égal. Seuls m'animaient une sourde révolte et un chagrin indicible...

J'aurais aussi bien pu écraser n'importe qui sur la route, juste pour me venger. Mais ça n'aurait pas fait revenir Creed. J'étais complètement déboussolée. Tout était absurde. Je n'arrivais pas à admettre que mon fils ne puisse pas être présent parmi nous. Non, plus rien n'avait de sens...

Cet atelier m'a permis de comprendre, entre autres choses, qu'il faut toujours être lucide sur soi-même et savoir dire ce que l'on a sur le cœur, si l'on ne veut pas se noyer dans ses problèmes et sombrer dans la dépression... Autour de moi, on ne savait plus sur quel pied danser : murée dans mon silence, j'étais incapable de communiquer et de fournir la moindre explication. Etais-je même seulement consciente de mon état ?...

En apprenant à me confier, j'ai appris du même coup à me connaître. Le voile s'est déchiré ; tout un aspect de ma personnalité, précédemment caché, est apparu au grand jour. Désormais, je sais exactement ce que je ressens. Voilà pourquoi je suis pleinement convaincue de la nécessité de votre action, qui à mon sens devrait trouver un prolongement dans les facultés de médecine et être suivie dans une foule de cas. Aider les gens à aller au fond d'eux-mêmes. Pour moi, on ne se rend vraiment utile aux autres qu'en les aidant à prendre conscience de leurs conflits personnels, et à exprimer leur violence intérieure. Sinon, toute cette agressivité se retourne contre eux, et cela rejaillit sur leur vie sociale. Je pense personnellement que, dans mon cas, c'est ce qui a le plus compté.

Et je pense aussi que l'on a besoin pour ça de se trouver dans un environnement chaleureux, et d'être soutenu (je saisis maintenant l'importance du psychodrame, dans le premier atelier ; mais à l'époque j'étais incapable de communiquer, sinon avec vous). En tout cas, avec vous, je me suis livrée cœur et âme, sans l'ombre d'une hésitation.

De même, je crois que Y.L. nous a apporté une contribution extrêmement précieuse. Depuis la mort de son mari et de son enfant, elle faisait sans arrêt des crises d'épilepsie. Les progrès, dans son cas, seront spectaculaires. C'est merveilleux de voir quelqu'un lutter et se battre avec acharnement pour survivre... »

Barbara

« Nous avons passé la veille de Thanksgiving ensemble, ma mère et moi, à regretter de vivre loin l'une de l'autre.

Jusqu'alors, elle ne parlait jamais de la vieillesse. C'était un sujet tabou, qu'elle éludait toujours en plaisantant. Ce soir-là, pourtant, elle avait envie manifestement de rompre le silence et de me confier ses craintes et ses angoisses. Malheureusement, je n'étais pas alors sur la même longueur d'onde...

Pourtant, j'attendais énormément de cette visite, et de l'occasion qui nous était ainsi offerte de rire, de bavarder, de nous amuser, bref, de passer une bonne soirée ensemble.

Nous n'avons pas toujours été aussi proches l'une de l'autre. J'ai pour ma part essuyé bien des déceptions, dans mon enfance, et ravalé bien des larmes. Ma mère, quant à elle, avait jadis perdu ses parents dans des circonstances tragiques, et elle n'était guère heureuse avec mon père.

Aussi reportait-elle tous ses espoirs sur moi, et sa déception n'en fut par la suite que plus vive, quand je suis allée m'installer dans un autre État. Depuis toujours, en effet, j'ai lutté pour conquérir mon indépendance, sans renier pour autant l'affection que je lui portais.

Au début du mois du juin, on m'a avertie par téléphone qu'elle venait d'avoir un vilain malaise cardiaque, et qu'il me fallait attendre un peu avant de venir la voir. Quelque temps après, nouveau coup de fil : cette fois, elle avait carrément fait un infarctus, et les pronostics des médecins étaient des plus réservés.

J'ai accouru. Ça m'a fait un choc de la voir clouée au lit, reliée à tout un tas d'appareils compliqués censés la maintenir en vie. J'ai prié le Ciel qu'elle se rétablisse au plus vite.

Dans la famille, tout le monde jouait la comédie et lui faisait des risettes, et on m'a bien recommandé de ne pas l'inquiéter en lui parlant, par exemple, de mes problèmes de couple. Il fallait attendre, disait-on, qu'elle soit plus solide.

Le dernier soir, quand je lui ai souhaité bonne nuit, elle m'a regardé longuement et elle m'a dit : « Au revoir, ma chérie, et merci pour tout. » Deux heures plus tard, elle était morte.

J'ai foncé à l'hôpital. Là-bas, je suis tombée sur des infirmières en train de dîner. Elles ont piqué du nez dans leur assiette en me voyant débarquer. Je me suis précipitée dans sa chambre. On avait déposé au pied de son lit un grand carton contenant ses effets personnels — comme si, désormais, on était pressé de se débarrasser d'elle... Il paraît que c'est la règle, en pareille circonstance. Soit.

Elle reposait en paix. Mon réflexe a été de m'asseoir sur le lit, de me blottir contre elle, de lui parler...

C'est alors que j'ai remarqué qu'elle était couverte de bleus. On ne me donnera sur l'heure aucune explication. Le lendemain seulement, j'apprendrai qu'elle s'était tuée en basculant de son seau hygiénique...

Il m'a fallu plusieurs heures pour réaliser, pour comprendre que ce n'était plus la peine de téléphoner à la maison, qu'il n'y avait plus personne, qu'elle était morte, et qu'on l'avait emmenée Dieu sait où... Personne ne m'avait parlé de la morgue. J'ai appelé l'hôpital pour demander où se trouvait ma mère : « Au frigo », m'a-t-on répondu. Alors, seulement, le drame a éclaté dans toute son horreur...

J'étais effondrée, complètement anéantie. Vaille que vaille, je m'occuperai d'organiser les obsèques, et de rassembler ses affaires. En me voyant dans cet état, mes amis médecins me prescriront généreusement des tranquillisants...

La tendresse impossible confinait désormais au désespoir, la complicité débouchait sur le néant. Pendant des semaines, je tenterai en vain de conjurer le sort, de croire au miracle...

Je vais rester prostrée, coupée du monde, incapable de travailler, de m'occuper de mes enfants, de regarder mes amis en face et de comprendre que la vie puisse continuer quand ma mère n'était plus là...

Un beau matin, un ami m'a appris au téléphone l'existence d'une psychiatre nommée Elizabeth Kübler-Ross, qui venait en aide aux gens comme moi. J'ai aussitôt appelé le numéro en question. Malheureusement, Shanti Nilaya affichait complet, et l'on a juste promis de me recontacter à la première occasion. Quelques jours plus tard, « Boots » m'informait que l'on parviendrait sans doute à me « caser » dans le prochain atelier.

Je suis arrivée complètement abattue, repliée sur moi-même et incapable de communiquer. Mais bien vite tous mes chagrins vont remonter à la surface, et je vais fondre en larmes et pleurer comme une madeleine — parce que ma meilleure amie s'était jadis noyée, parce que j'avais eu une enfance malheureuse, coincée entre un père hargneux, un frère qui était demeuré un étranger, et une mère dont je n'avais découvert que sur le tard combien elle m'aimait...

A force de patience, de tendresse et de douceur, vous m'amènerez, vous, Elizabeth, votre équipe ainsi que les soixante-quinze autres personnes présentes, à dire tout ce qui me pesait sur le cœur, et par voie de conséquence à me débarrasser de mes calmants.

A partir de là, je vais recommencer à croire en moi, en l'amour et en la vie. De sorte que je comprends de mieux en mieux, depuis lors, ce qu'il en est de vivre ou de mourir seul.

Désormais, en dehors de mes activités personnelles et de ma vie familiale et conjugale, j'anime des groupes de soutien destinés aux personnes en deuil...

Voilà. Il ne me reste plus qu'à remercier chacun d'avoir fait preuve de compréhension, de disponibilité et de générosité, et vous tout particulièrement, Elizabeth, de nous avoir appris à vivre et à mourir dignement,

Barbara »

Barbara, devenue esclave des tranquillisants après la mort de sa mère, sera elle-même étonnée de les jeter aussi facilement au feu, le jeudi soir. Une tragédie était évitée, une nouvelle vie commençait, avec des amis merveilleux...

Carolyn

Je ne suis pas prête non plus d'oublier la lettre que m'a un jour envoyée Carolyn, une jeune femme paralysée par la sclérose en plaques, des années après avoir assisté en Californie à l'une de mes conférences. En pleine dépression, elle songeait à se suicider. J'ai heureusement réussi à l'en dissuader. Voici ce qu'elle m'a écrit:

« Je viens juste d'arriver au bureau, après une séance épuisante à l'atelier, mais qui psychologiquement m'a fait un bien fou. J'ai trouvé, c'est le cas de le dire, un endroit à moi où je peux pleurer et crier tout mon soûl...

Maintenant que je me suis, comme vous dites, « résignée », je saisis mieux ce que cela représente de mourir. Mais je n'étais encore jamais allée aussi loin qu'aujourd'hui...

J'ai bien fini par me rendre compte, à force de travailler avec des handicapés, que j'étais moi-même complètement désarmée face à la mort, et que je ne savais pas à quoi m'en tenir. Seulement, j'évitais d'y penser, et je repoussais indéfiniment les échéances. Plus maintenant...

Oh ! certes, j'avais déjà éprouvé de gros chagrins et pleuré abondamment, en perdant mon chat, par exemple, ou bien un client, comme ce jeune homme de vingt-huit ans, décédé lors d'une opération à cœur ouvert. Mais ce n'est que depuis quelques mois que j'ai réellement pris conscience des étapes qui jalonnent notre marche vers la mort, telles que vous les avez énumérées aujourd'hui.

Au printemps de cette année-là, j'ai commencé à me sentir ankylosée et à ne plus pouvoir bouger les jambes, ni voir de l'œil gauche. En juillet, j'ai passé toutes sortes d'examens médicaux, sans obtenir toutefois de réponse satisfaisante. Il était évident que l'on me cachait la vérité et que l'on me racontait des histoires, mais je me heurtais à une véritable conspiration du silence — sur les conseils du neurologue, mon mari minimisait les choses et prétendait qu'il s'agissait d'une simple névrite... Autant dire qu'il me faudra faire des pieds et des mains pour découvrir la nature exacte de mon mal.

Cela dit, je ne me faisais aucune illusion. Pour avoir donné récemment un cours à l'université sur les pathologies invalidantes, je savais pertinemment que ça devait être grave, si on avait jugé utile de me faire subir tour à tour une échographie cérébrale, un électroencéphalogramme, une radio du front, un électrocardiogramme et une ponction lombaire. Lucide, je n'entrevoyais pour ma part que trois possibilités : une tumeur au cerveau, un cancer de la moelle épinière, ou bien une sclérose en plaques. J'ai donc pressé mon mari de questions, et je l'ai interrogé inlassablement jusqu'à ce qu'il finisse par m'avouer que j'étais atteinte de sclérose en plaques...

Tout d'abord, j'ai éprouvé un sentiment de révolte ; j'ai pleuré, crié, hurlé : pourquoi cela m'arrivait-il à moi, pourquoi, pourquoi ?... En même temps, j'ai continué à m'occuper comme avant de personnes elles-mêmes atteintes de sclérose en plaques, et que j'avais jusqu'alors tendance à considérer comme des morts en sursis...

J'avais trente-trois ans, un mari charmant, un fils de huit ans adorable, et une belle maison. Je venais de décrocher mon diplôme d'éducatrice, et je travaillais avec des gens formidables... Et voilà soudain que l'on m'apprend que je suis condamnée à terme à la paralysie ! Imaginez mon choc. Ce qui m'a le plus désolée, sur le coup, c'était de devoir sans doute arrêter de travailler.

Quinze jours plus tard, mon mari m'a plaquée. Je me suis retrouvée toute seule avec mon fils. Faute de pouvoir m'en occuper convenablement, j'ai été obligée de le mettre en pension chez des gens.

Puis il m'a fallu vendre la maison, dont je ne pouvais pas payer les traites avec juste mon petit salaire de psychologue à mi-temps. Seule, incapable, ou presque, de conduire, bloquée chez moi, je nageais en plein cauchemar...

Désormais, je ne pourrais plus jamais lire, ni courir, ni jouer au tennis, ni faire l'amour. Ça ne valait plus le coup de vivre. Plus tôt serait la fin... En désespoir de cause, je me suis alors rabattue sur les somnifères pour essayer d'oublier ma détresse. Evidemment, ça n'a rien résolu.

A moitié abrutie par les médicaments, dans une maison au bord de la mer, j'ai pris conscience (tout en essayant d'écrire une lettre à mon patron) qu'il appartient à chacun de donner un sens à sa vie, que c'est une question de qualité, et non de quantité — « Hier est mort, et demain n'est pas encore né... » comme dit le poète —, et que personne ne peut se substituer à nous...

Si bien qu'en définitive j'ai recommencé à m'intéresser à moi, oui ! Avec l'aide, il faut le dire, de mes amis, qui étaient là pour me tenir la main quand je pleurais, ou bien pour me remonter le moral au téléphone — bref qui ne se contentaient pas de m'envoyer des fleurs ou un petit mot de temps en temps...

J'aborde sans doute la mort d'une façon assez spéciale, mais je ne m'en sens pas moins très proche de tous vos patients. Aujourd'hui, je suis heureuse d'être en vie et j'en profite au maximum. Maintenant que je suis en paix avec moi-même, je suis prête à mourir n'importe quand ; ça ne me fait plus peur !

Avec toute mon affection
et toute mon admiration,

Carolyn Strite »

Notre destinée ici-bas

J'ai fait part à Carolyn de mes découvertes sur la destinée individuelle. De mes recherches sur la vie dans l'au-delà, il ressort en effet que les gens qui ont mis fin à leurs jours, s'ils ne sont nullement damnés, comme on le prétend souvent, perdent par contre tout le bénéfice de leur expérience acquise ici-bas, et qu'il leur faut par conséquent tout recommencer à zéro et se réincarner en quelqu'un d'autre pour en repasser, avec généralement plus de difficultés que la première fois, par les mêmes épreuves. Loin de les châtier, Dieu leur octroie au contraire par là une seconde chance, si tant est que nul ne peut revenir à Lui, à la Source dont nous provenons tous, sans avoir cherché à tirer le meilleur profit de son séjour sur terre...

Nous sommes au monde pour nous réaliser harmonieusement sur tous les plans, physique, intellectuel, affectif et spirituel. Dieu nous a créés perfectibles, et il nous a donné les moyens de profiter des multiples richesses de l'existence. Seulement, quand on n'a pas su — ou voulu — saisir sa chance, et que l'on reste prisonnier de tout un ensemble de peurs, de chagrins et de hontes, bref, quand on a été incapable d'achever sa mission et d'accomplir son destin ici-bas, on est alors amené à se réincarner et à parcourir un nouveau cycle.

On se fait généralement toutes sortes d'idées fausses à ce sujet. La réincarnation n'est pas assimilable à un châtiment, mais au contraire à une véritable bénédiction. Par un effet de la grâce divine, c'est là une seconde chance d'apprendre, de se réaliser, et d'avancer sur la voie de la perfection, afin de pouvoir ensuite revenir auprès du Créateur.

C'est précisément en relevant pareil défi que Carolyn a pu se mobiliser, et, comptant sur sa force intérieure, mettre son honnêteté, sa lucidité, son courage et son amour au service de son prochain.

Elle m'a appelée un soir, quelques années plus tard, pour me dire adieu. Oui, elle avait décidé d'en finir. Seule, divorcée et séparée de son fils, ne pouvant travailler que quelques heures par jour, elle était quasiment dans la misère, et elle craignait par-dessus tout d'en être réduite à l'immobilité complète. C'est pourquoi elle avait décidé de mettre fin à ses jours. Mais auparavant, elle tenait à me remercier de tout ce que je lui avais apporté, et elle me demandait de lui faire la grâce de continuer à l'aimer jusqu'au bout sans rien demander en échange — autrement dit, de ne pas prévenir la police ou les pompiers...

Libre à elle, rétorquai-je, de disposer de son existence comme bon lui semblait, mais il restait toujours un autre choix que le suicide. J'ai finalement réussi à la raisonner, et je lui ai donné rendez-vous le lendemain matin à sept heures dans la chapelle de Santa Barbara. Je suis arrivée pour ma part la veille au soir, et, je me rappelle, je n'ai pratiquement pas fermé l'œil de la nuit. Cela se passait trois jours avant le début de l'atelier évoqué plus haut. A l'aube, je me suis rendue dans cette petite église, flanquée d'un grand cèdre.

Vers les six heures du matin, une silhouette s'est détachée dans la pénombre : mon amie Carolyn, qui avait finalement décidé de se ressaisir et d'effectuer une ultime tentative. Son courage sera récompensé au-delà de toute espérance. Non seulement elle nous apportera une contribution irremplaçable lors du prochain atelier, mais encore sa santé s'améliorera suffisamment pour lui permettre de reprendre des activités presque normales, et de récupérer son fils. Au total, elle aura touché infiniment plus de gens, malades ou bien-portants, que je n'aurais jamais pu l'imaginer.

Une autre scène qui se répète d'atelier en atelier a trait aux cancéreux, à qui la chimiothérapie a fait perdre tous leurs cheveux, voire même leurs cils et leurs sourcils. Pour les femmes, c'est tragique. En général, elles se maquillent à outrance et elles dissimulent leur calvitie sous un châle ou bien sous une perruque. De leur propre aveu, elles vivent dans l'angoisse permanente de perdre leur couvre-chef, en embrassant quelqu'un, par exemple. Pourtant, le jeudi soir, à la fin de l'atelier, c'est bien le diable si elles ne jettent pas foulards et postiches au feu, pour se montrer comme elles sont...

De même, je songe à cette malheureuse, affligée d'un anus artificiel, et qui avait tellement honte de son corps qu'elle avait, depuis quinze ans, voilé toutes les glaces dans son appartement. Après bien des larmes et des hésitations, elle se résoudra, enfin, à nous montrer la cause de ses tourments. Résultat, maintenant elle a appris à s'accepter, et elle peut à nouveau se regarder dans la glace...

Le lâcher prise

Ces ateliers sont émaillés d'une foule de petits incidents, en eux-mêmes anodins, mais qui, replacés dans le contexte, revêtent une importance capitale. Ainsi étions-nous un jour en train de discuter du lâcher prise et de la signification de la souffrance, de la détresse et de la mort, et conséquemment de la possibilité de profiter d'une expérience douloureuse pour prendre un nouveau départ dans la vie, quand un moineau est venu s'écraser sur les carreaux.

Pauvre petite bête ! Elle était tout estourbie. Je l'ai ramassée et j'ai tenté en vain de la ranimer. Elle est morte quelques instants plus tard dans ma main. Ce n'était pas grand-chose, bien sûr, un épiphénomène, une interruption de quelques minutes dans notre travail. Pourtant, cela nous a tous bouleversés, et l'un d'entre nous récitera à cette occasion un petit poème :

« Si je peux empêcher un coeur de se briser, je ne vivrai pas pour rien. Si je peux alléger les souffrances d'un être vivant, ou atténuer sa peine, ou remettre au chaud un petit merle tombé du nid, alors je ne vivrai pas pour rien. »

Nous l'avons enterré au pied d'un arbre, et cette cérémonie toute simple a réveillé chez les personnes présentes bien des souvenirs émus — joyeux chez certains, qui ont accompli ce geste en pensant à leur enfant mort, plus tristes chez d'autres, qui se souvenaient avoir jadis perdu un animal, que leurs parents, croyant bien faire, avaient maladroitement essayé de remplacer en leur absence ; ils avaient bien entendu tout de suite relevé la supercherie, et cessé de croire ce qu'on leur disait...

De sorte qu'en renvoyant chacun à lui-même et à ses douleurs secrètes, l'enterrement du petit moineau s'est tout naturellement inséré dans le cadre de notre atelier.

Ce sont par conséquent de menus incidents de ce genre qui font comprendre aux parents la nécessité d'associer leurs enfants à tous les deuils ou à tous les petits drames qui peuvent survenir, surtout quand on sait combien un gosse peut souffrir de la mort de son chat ou de son poisson rouge...

XV

Une prise de conscience spirituelle

Le lundi, nous nous contentons essentiellement d'une prise de contact. Mais au bout de trois jours de témoignages, tous plus bouleversants les uns que les autres, chacun dans le groupe est saisi d'amour, de miséricorde et d'indulgence.

C'est ainsi qu'un ancien détenu, tout juste sorti de prison et condamné jadis pour avoir assassiné son père, sera pris en charge et hébergé par tout un groupe de gens rencontrés à Shanti Nilaya. Imaginez sa stupeur : lui, un parricide, invité à partager le gîte et le couvert de familles honorables ! Oui. Car il avait eu le temps de raconter son histoire d'enfant martyr, d'expliquer comment son père était une brute et un odieux personnage qui abusait de ses filles, quand sa mère assistait, impuissante et désespérée, à toutes ces exactions... Oui, on savait qu'il avait été condamné à une lourde peine, et qu'il avait gâché toute sa jeunesse en prison, sans bénéficier de la moindre indulgence ou charité chrétienne, et on l'a reçu à bras ouverts !...

Une vieille religieuse, élevée dans le remords et la culpabilité, trouvera quant à elle chez nous le courage d'avouer la rancœur que lui inspirait l'attitude à son égard de la Mère Supérieure. Elle commencera par une prière d'action de grâces si fervente, si poignante, qu'imitant son exemple deux prêtres et six autres sœurs confesseront ensuite leurs drames et leurs faiblesses — inceste, homosexualité, ou désirs sexuels incompatibles avec leur vocation...

Au terme de ce grand déballage, le groupe tout entier baigne dans une atmosphère de gratitude et de reconnaissance, chacun remerciant l'autre de l'avoir aidé, en parlant ouvertement de ce qui le tracasse, à faire de même.

Le jeudi matin, après avoir comme d'habitude chanté tous en chœur puis observé une minute de silence (à l'image des Quakers), j'interviens à mon tour, pour expliquer que si j'ai jadis souffert, en tant que triplée, de graves problèmes d'identité, cela m'a aussi rendue solidaire de tous ceux qui se trouvaient dans la même situation. Nous parlons du destin, tant sur le plan physique que spirituel, et du choix qui est toujours laissé à chacun. Je cite généralement l'histoire de ce petit garçon de neuf ans, Dougy, qui me demandait dans sa lettre : « C'est quoi la vie, et c'est quoi la mort ? Et pourquoi faut-il que les petits enfants meurent ? » Je répète ce que je lui ai alors répondu, et que l'on peut trouver à Shanti Nilaya sous le nom de « La lettre à Dougy »...

J'explique tout ce que m'ont apporté les mourants, je parle avec émotion de cette lueur de lucidité qui traverse leur regard et sous-tend leurs derniers propos, et je ne manque pas d'évoquer non plus mes expériences mystiques dans ce domaine, aussi ineffables que déterminantes...

Pour finir, je recense les grands principes du christianisme, tels qu'on les retrouve dans les autres religions, islam, judaïsme, bouddhisme, hindouisme, etc., cela afin d'aider chacun à prendre conscience de l'intervention de la Divine Providence dans sa propre vie, et, partant, des responsabilités qui lui incombent dans tous les domaines...

Au bout du compte, une vie ne vaut que ce que l'on a choisi d'en faire. Le secours ne vient jamais que lorsque l'on n'y suffit plus soi-même.

Tous enfants de Dieu, nous sommes ici-bas pour nous réaliser et accomplir notre destin ; ce qui réclame de notre part tolérance, disponibilité, savoir donner aussi bien que recevoir, et aimer de façon purement désintéressée, comme en a si bien parlé Khalil Gibran dans ses œuvres.

Ira

« Chère Elizabeth,

Il faut que je vous explique ce que j'ai vécu pendant et après cet atelier sur « La Vie, la Mort et le Passage » auquel j'ai participé en avril 1978.

Environ deux ans auparavant, j'ai commencé à croire en D. *, moi qui étais depuis toujours agnostique (c'est lié à une expérience « mystique » survenue lors de l'enterrement d'une vieille tante que j'aimais beaucoup). Seulement, si j'avais trouvé la foi, j'attendais quand même inconsciemment des « preuves ». Si bien que, dans un premier temps, ça n'a pratiquement rien changé dans ma vie, sauf que je me suis mis à lire beaucoup de philosophie et d'ouvrages consacrés à la mort et aux mourants, dont les vôtres.

Cet atelier m'aura marqué à jamais. En tant que médecin, j'aurai en effet eu l'occasion de voir comment les douleurs muettes et les chagrins rentrés peuvent transformer une vie en enfer, mais aussi que l'on peut toujours se tirer des plus mauvaises passes, surmonter les pires épreuves et reprendre goût à la vie. J'aurai eu ainsi la preuve qu'une fois libéré de la peur, de la colère ou du sentiment de culpabilité, on avance à pas de géant...

Comment résumer ce qui a représenté pour moi un tel bouleversement, sur le plan intellectuel et spirituel ?

Ce que vous avez dit, à la fin, à propos de vos contacts avec vos Guides Spirituels, m'a considérablement influencé. Jusqu'alors, j'avais du mal à admettre que D. puisse connaître chacune de nos pensées et de nos

* Les Juifs Orthodoxes ne prononcent jamais le nom de Dieu.

actions ; mais plus maintenant que vous nous avez parlé de l'intercession des Guides (les Anges Gardiens), et c'est cela qui m'a alors permis d'approfondir ma foi.

Je ressortirai en effet complètement revigoré de cet atelier, et bien résolu à ne plus me défiler mais à prendre à bras-le-corps les difficultés quand elles surgissent. La religion occupe désormais une place prépondérante dans ma vie, et je suis devenu très pratiquant. La tradition hassidique, de laquelle je me réclame maintenant avec ferveur, me paraît correspondre tout à fait avec ce que vous nous avez appris sur la vie dans l'au-delà, sur l'intervention des Anges Gardiens et sur l'existence d'un Être Suprême, omniscient et plein d'amour (et non pas juge), qui ne nous donne jamais plus que nous ne pouvons assumer (et cela, pour le salut de notre âme). Grâce à vous, je sais aussi qu'il n'y a rien de fortuit ici-bas, que nous devons tous tirer la leçon de ce qui nous arrive, et que la meilleure manière de servir Dieu, c'est encore d'alléger les souffrances de son prochain — très précisément ce que vous faites !

J'espère que cette lettre pourra vous servir. N'hésitez pas au besoin à la reproduire in extenso, ou à en citer des passages.

Avec toute mon affection et tous mes meilleurs vœux de réussite dans votre travail,

Ira »

Tom

« Chère Elizabeth,

Cela doit faire environ un an que je suis allé vous voir à Oceanside, en Californie, pour participer à cet atelier sur « La Vie, la Mort et le Passage ». Je dois dire que ça a marqué un véritable tournant dans ma vie, tant sur le plan intellectuel que spirituel. Voilà donc en gros les réflexions que m'inspire ce travail de libération.

J'ai été élevé de manière très stricte, dans l'idée qu'un homme doit toujours être « fort » et garder son sang-froid en toute circonstance, et donc ne jamais céder à la colère ni à la tristesse. Mais ça ne m'empêchait pas pour autant, hélas ! d'avoir de terribles sautes d'humeur, et malgré mes airs placides d'entrer soudain dans des rages folles — au point de représenter un danger pour moi-même comme pour mon entourage. Depuis déjà deux ans, mon ménage battait de l'aile à cause de ces crises de fureur, et j'étais complètement déprimé. Cet atelier va tout d'abord m'aider à comprendre qu'il est parfaitement normal de se fâcher ou de se sentir morose de temps à autre, qu'il n'y a pas lieu de se culpabiliser, et qu'il y a par contre toujours moyen de se débarrasser sans dommages de ses pulsions agressives. Mais ensuite, et c'est l'essentiel, je vais découvrir là-bas, au sein du groupe, que l'on peut aimer, tout simplement, sans rien demander en échange ni porter de jugement, et par-delà toute idée de jalousie, de remords ou de regret...

Depuis un an que je m'en tiens à cette ligne, j'ai accompli de grands progrès — sur moi-même comme dans mes rapports avec les autres. Il m'est désormais beaucoup plus facile d'exprimer ce que je ressens, en bien ou en mal, et je sais maintenant qu'il faut toujours profiter à fond de la vie, même si elle est parfois ingrate.

Je suis médecin, et non juriste ou criminologue. Je n'en reste pas moins persuadé que ces ateliers peuvent être extrêmement bénéfiques à quantité de gens. Je pense notamment à tous ceux qui, faute d'avoir jamais pu exprimer leurs angoisses et leurs révoltes, ont été acculés au désespoir ou poussés au crime — focalisant subitement, pour une raison ou pour une autre, toute leur haine et toute leur agressivité sur quelqu'un. Vos ateliers peuvent jouer, à titre préventif, un rôle essentiel.

Affectueusement,

Tom »

Chuck et Fran (lettre de Chuck)

« Chère Elizabeth,

L'atelier auquel j'ai participé voilà maintenant un an et demi a réellement marqué une rupture dans ma vie. Auparavant, toute l'agressivité et, dans une moindre mesure, le chagrin qu'il y avait en moi m'empêchaient d'avoir des rapports normaux avec les autres. L'angoisse aussi comptait pour beaucoup, et j'ai pu mesurer concrètement sur moi-même l'efficacité de votre méthode thérapeutique.

Depuis un an que je m'efforce, chaque fois que l'occasion s'en présente, de laisser sortir ma colère et ma tristesse, j'ai pu noter, ainsi que tout le monde autour de moi, une évolution extrêmement positive dans mon comportement. Même si je n'ai pas encore vraiment atteint la sérénité, je suis sur la bonne voie et j'enregistre des progrès réguliers qui me remplissent d'optimisme.

Cela a bien sûr directement rejailli sur ma vie privée et professionnelle. Franny, mon épouse, est venue elle aussi à un atelier, et elle en tire les mêmes conclusions que moi. Ça lui a permis d'évacuer une grande partie de son agressivité sous-jacente.

J'ai eu l'occasion de travailler auprès de détenus du pénitencier de l'État de Washington. Sans m'être à proprement parler occupé d'eux sur le plan strictement émotionnel, je suis convaincu que ce genre de démarche pourrait leur faire le plus grand bien, vu leur état d'angoisse et de révolte. Les gardiens eux-mêmes pourraient d'ailleurs en profiter. Cela permettrait en quelque sorte de rompre le cercle vicieux. Vous nous avez enseigné une technique toute simple et très facile à mettre en pratique, à partir du moment où l'on s'adresse à quelqu'un de coopératif. J'en ai parlé autour de moi, et environ trente pour cent de gens y ont maintenant recours avec succès.

N'hésitez pas à citer nos noms, ni à reproduire au besoin cette lettre. Nos meilleurs vœux à tous,

Affectueusement,

Chuck et Fran »

Bernie

« J'ai participé, en décembre 1979, à un atelier organisé par Elizabeth Kübler-Ross. Au vu de tout ce que cela a déclenché en moi, comme chez mes compagnons ou dans mon entourage, je peux témoigner que sa méthode permet effectivement de se libérer de tous les vieux problèmes que l'on traîne avec soi depuis des années, et de les résoudre sans violence et d'une manière constructive. Quant à la dimension spirituelle, si prégnante dans ses ateliers, elle est d'un précieux secours à tous ceux qui sont frappés par le sort, et qui doivent affronter les vicissitudes de l'existence.

Si l'objectif ultime est de parvenir à se transformer et à se prendre totalement en charge, l'essentiel n'en est pas moins, dans un premier temps, d'amorcer un processus de reconstruction et de réappropriation de soi, bref, de cesser de se poser en victime.

Il s'agit là, à mon sens, d'une démarche absolument capitale, qui doit bénéficier d'un soutien sans réserve. La santé mentale et la santé physique sont indissociables, et toutes deux déterminent notre place dans la société. Un tel programme, que l'on veillera, j'espère, à rendre accessible au plus grand nombre, laisse augurer des avancées considérables.

Avec son expérience et ses compétences uniques, Elizabeth Kübler-Ross est mieux qualifiée que quiconque pour diriger pareille entreprise, qui peut, à n'en point douter, contribuer à résorber tant de maux dont souffrent nos sociétés.

Tant pis si j'emploie un ton grandiloquent pour évoquer tout cela. Il se trouve que j'ai pu en mesurer l'intérêt tant sur moi-même que dans mon entourage ou auprès de mes compagnons à Shanti Nilaya.

La voie est maintenant toute tracée.

Bernie »

XVI

Le bilan

Finalement, qu'est-ce qui ressort de tous ces ateliers ? La question revient avec insistance. Dans la mesure où je me suis engagée à respecter l'anonymat de chacun, il m'est très difficile de montrer les bénéfices que l'on peut en retirer concrètement. Afin toutefois d'apporter un minimum d'éclaircissements, j'ai choisi d'en dresser une sorte de bilan statistique, ce qui m'évite d'avoir à citer des noms.

Je ne suis certes pas la seule à organiser des séminaires de ce type. Malheureusement, ils ne sont en général suivis d'aucun effet durable. C'est précisément ce que j'ai toujours voulu éviter, n'apporter qu'une amélioration passagère. Dans mon optique, il ne s'agit pas tant de donner aux gens un « coup de fouet » que de les remettre sur les rails pour leur permettre d'aller de l'avant. Y suis-je ou non parvenue ?

Pour répondre, je m'appuierai sur l'étude réalisée par un ancien stagiaire, John Alexander. Préparant un doctorat en sciences de l'éducation à Walden University, ce militaire de carrière (il est colonel, en poste à Washington) se proposera en effet d'analyser sous forme statistique les résultats de mon travail, afin d'en déterminer à grands traits les répercussions pratiques.

L'anonymat de chacun sera bien entendu rigoureusement respecté, et les données seront collectées à partir d'un questionnaire rempli au début et en fin d'atelier. Il va de soi que je superviserai personnellement toute l'opération et que je n'y apporterai mon aval qu'après mûre réflexion. John Alexander me choisira d'ailleurs comme directrice de thèse.

Mes conclusions personnelles seraient forcément subjectives. Aussi ai-je demandé à John Alexander l'autorisation de citer tout simplement quelques passages significatifs de son étude ; permission généreusement accordée. Voici donc :

« Cette évaluation s'effectuera en deux temps. Tout d'abord, on distribuera, en décembre 1979 et en janvier 1980, des questionnaires en début et en fin d'atelier. Les personnes ayant reçu ce questionnaire constitueront le groupe A. Le groupe B, lui, comprendra des sujets, choisis au hasard, qui ont participé à un atelier entre juin 1977 et octobre 1978. Les membres du groupe A rempliront donc leur formulaire sur place, tandis que les autres le recevront chez eux, plusieurs années après, cela afin de pouvoir comparer les effets immédiats et les résultats à long terme.

Il ressort, à l'analyse des données, que, dans les deux cas, sont intervenus des changements d'ordre spirituel. Sur 564 réponses enregistrées dans le groupe A, 465 — soit 82 % — témoignent d'une évolution positive dans ce sens. On observe une tendance analogue dans le groupe B, avec un pourcentage égal de réponses positives, 82 %, soit 857 sur 1049. (Au total, 87 personnes ont rempli en entier le questionnaire dans le groupe A, et 244 dans le groupe B.)

Reste que si l'on enregistre bien dans les deux cas une évolution positive, celle-ci est beaucoup plus manifeste chez les sujets du groupe B, c'est-à-dire ceux qui ont été contactés par lettre plusieurs années après, que chez les personnes du groupe A, interrogées sur place.

Contre-épreuve oblige, on contactera par téléphone une partie des individus du premier comme du second groupe. Les données recueillies corroboreront les premiers résultats acquis. Il s'avérera ainsi que, sur un plan strictement personnel, les personnes du second groupe auront continué à progresser depuis la dernière fois.

Ces résultats doivent toutefois être maniés avec précaution. N'indiquant qu'une tendance générale, ils n'autorisent pas à présumer du comportement de chaque individu en particulier. »

Les sujets témoins ne se sont pas contentés au demeurant de cocher des cases. John Alexander leur a aussi demandé de résumer en quelques mots leur changement d'attitude :

1) *vis-à-vis de la mort :*

avant : « la fin, le chagrin, le vide. »
après : « la paix, plus aucune crainte. »
avant : « la peur, la fin, l'effroi, la douleur. »
après : « une nouvelle étape. »
avant : « une évasion hors de la vie. »
après : « un moment du processus, un passage. »

2) *par rapport à la vie :*

avant : « exister dans un corps. »
après : « une plénitude de chaque instant, donner à son prochain et partager avec lui. »
avant : « une expérience douloureuse et traumatisante. »
après : « se fondre dans l'univers. »
avant : « une existence d'ordre essentiellement physique. »
après : « plutôt une existence spirituelle, un continuum. »

L'enquête de John Alexander révèle également des changements d'attitude significatifs :

— *à l'égard de soi :*

« J'ai cessé de douter de moi-même, de me détester et de me faire du mal. »
« Je m'aime beaucoup plus. »
« J'accepte mieux mes défauts. »

— *à l'égard des autres :*

« Je suis plus conciliant, moins prompt à juger. »
« Je pardonne plus facilement. »

— *sur le plan des valeurs :*

« Je me sens nettement plus proche de Dieu et de mes amis. »
« Je connais une évolution fondamentale, non plus axée sur la recherche de la réussite, mais sur la prise de conscience des progrès intervenus. »
« Je suis à la fois plus ouvert aux autres et plus attaché à mon système de valeurs. »

— *sur le plan spirituel :*

« C'est la chose la plus importante pour moi. »
« Je ressens vraiment la présence de Dieu. »
« Je suis beaucoup plus proche de Dieu. »

Par acquit de conscience, John Alexander a également inclus dans son étude sur les répercussions d'ordre spirituel des commentaires recueillis au téléphone (auprès des gens du groupe B). Personnellement, ça ne m'a rien appris de nouveau. J'avais déjà entendu bien souvent des réflexions de ce genre de la part de stagiaires. Je vous en livre pourtant quelques extraits :

« Je suis maintenant en mesure de faire le lien entre l'esprit et le corps. »
« Malgré une éducation religieuse, j'avais perdu la foi. Grâce à cet atelier, j'ai redécouvert Dieu. »
« La révélation de ma vie... une véritable métamorphose. »
« Je suis capable d'accepter les autres comme ils sont. »

Certes, on n'enregistre pas que des réponses positives. Mais John Alexander note que personne n'a répondu de manière purement négative, et que même mes détracteurs les plus farouches affirment avoir retiré quelque chose de leur venue à Shanti Nilaya.

Je savais déjà, bien avant cette étude, qu'en aidant les gens à « mûrir » ces ateliers jouent un rôle éminemment bénéfique. Mais je ne me doutais pas que le taux de réussite s'élevait à 82 % !

Pour plus de détails, je vous renvoie à la thèse de John Alexander. Je tiens toutefois à préciser que je n'entends pas prouver quoi que ce soit, ni convaincre personne de la valeur de ma démarche ou l'amener à partager mes vues.

En quête de la vérité, je m'efforce, dans la mesure du possible, de faire profiter les autres de ce que j'ai appris à leur contact. Dès lors que l'on cherche sincèrement à aider son prochain, on est toujours, en fin de compte, payé de retour. Il n'est pas jusqu'aux erreurs qui, à partir du moment où on les commet de bonne foi, ne nous permettent d'aller de l'avant et de faire des progrès. Il ne s'agit donc pas tant, pour moi, de me prévaloir du succès de ces ateliers que d'en accroître le rayonnement.

XVII

Epilogue

Si je me suis permis de citer au hasard ces quelques lettres, parmi toutes celles que j'ai reçues (et que je continue à recevoir), c'est parce qu'elles expliquent bien mieux que je ne pourrais le faire moi-même tout ce que l'on retire de ces ateliers.

La plupart du temps, les gens qui s'inscrivent chez nous — notamment les médecins, les infirmières, les prêtres ou les pasteurs — s'attendent à assister à un séminaire traditionnel sur la mort, bâti autour de longs exposés théoriques entrecoupés de débats, et le cas échéant de témoignages personnels. C'est pourquoi il arrive tant de monde, le lundi matin, avec papier, stylos et magnétophones...

Et les mêmes, en repartant, au vu des résultats acquis, parlent de divine surprise, et ils ne tarissent pas d'éloges à mon égard...

Pour ma part, j'insiste continuellement auprès de tous ceux qui, par métier ou par vocation, s'occupent des malades terminaux pour qu'ils se mettent à leur portée et s'adressent à eux non pas en tant que prêtre, pasteur ou médecin, mais en tant qu'être humain. Ce qui suppose qu'ils soient eux-mêmes « sains », ou « équilibrés », comme on voudra. On ne saurait être en mesure d'aider qui que ce soit, si l'on n'a pas soi-même surmonté au préalable tous les deuils — petits ou grands — qui marquent ou non une rupture dans notre vie. Faute de quoi, on risque de « craquer », voire d'en être réduit aux pires extrémités. Comment s'étonner que ce soit précisément chez les psychiatres que l'on se suicide le plus ? Ils sont là pour soigner les autres, mais eux-mêmes, bien souvent, ne sont pas encore guéris...

Oui, certaines personnes, il faut bien le dire, sont sidérées de découvrir, au début, avec quoi nous travaillons : matelas, bouts de tuyau, vieux annuaires prêts à être déchirés... La stupeur de ces gens est portée à son comble, quand ils voient tour à tour leurs compagnons se lever d'eux-mêmes pour aller assouvir leur rage et leur révolte sur le matelas, ou sur les bottins... En définitive, ces ateliers sont pour chacun l'occasion d'exorciser sa douleur, de laisser sortir sa fureur, de se maudire lui-même et de prendre le Ciel ou les hommes à témoin — bref, de se libérer de ce qui lui empoisonne l'existence.

Passé le premier moment de stupeur, ces personnes qui comptaient participer à un séminaire de type traditionnel, où l'on débattrait doctement de la mort et de la manière de s'y préparer, sont vite gagnées elles aussi par l'ambiance et bouleversées par le chagrin, la douleur et la détresse de leur prochain, un peu comme si elles visitaient une unité de soins intensifs...

Chez nous, la règle est de jouer cartes sur table et d'exprimer ouvertement ses peurs, ses hontes, ses peines et ses colères.

Mais la mission de Shanti Nilaya ne consiste pas seulement à aider les gens à exorciser leurs maux et leurs pulsions agressives. Il s'agit au moins autant de leur apprendre à vivre que de leur apprendre à mourir, s'il est vrai que l'on ne cesse d'avoir peur de la mort qu'à partir du moment où l'on aborde la vie sans crainte. Pour aider quelqu'un à s'éteindre en paix, encore faut-il au préalable se réconcilier avec soi-même et être bien dans sa peau.

Est-il jamais trop tôt, ou bien trop tard, pour venir nous voir ? En principe, non ; bien qu'il existe là encore des exceptions. Je pense, par exemple, à ce couple qui venait de perdre un enfant et qui n'arrivait pas à surmonter le choc. Le père, surtout, était révolté par l'injustice du sort, et on sentait qu'il en voulait à la terre entière. Visiblement choqué de se retrouver en pareil cadre, et excédé d'entendre les autres évoquer des problèmes analogues aux siens, il a d'emblée adopté une attitude hostile et refusé de se mêler au groupe.

Bien que sa femme se soit montrée pour sa part beaucoup plus coopérative, ils sont partis tous les deux sans prévenir au bout de vingt-quatre heures. Quelques semaines plus tard, j'ai reçu une lettre d'un avocat, m'informant qu'ils portaient plainte contre moi pour « publicité mensongère » ! Heureusement, plusieurs personnes dans le même cas témoigneront en ma faveur, et l'affaire n'ira pas plus loin...

Il y a eu aussi cette très vieille dame, qui a débarqué un beau matin chez nous sans se douter apparemment de ce qui l'attendait. C'était son fils, médecin, et sa belle-fille qui lui avaient payé un stage à Shanti Nilaya, après y avoir eux-mêmes effectué un séjour quelque temps plus tôt. Héberluée de se retrouver en pareille compagnie, elle ne s'est pas départie, le premier jour, d'une réserve hautaine, tassée dans son coin, les yeux rivés sur la personne qui intervenait, se contentant d'observer au passage que c'était bien la première fois qu'elle voyait un tel mélange de genres...

Elle a pourtant assisté stoïquement à toutes les réunions de la semaine, fumant cigarette sur cigarette. En raison de son âge, je l'avais fait asseoir sur une chaise à côté de moi, et non par terre comme tout le monde ; tant et si bien que j'en suis venue à lui allumer de quatre à cinq paquets de blondes par jour. Pour la récompenser de sa ténacité, je lui offrirai à la fin mon briquet dans son étui en cuir. De son côté, elle sera si touchée par ce qu'elle venait de vivre qu'elle embrassera chaleureusement tout le monde en partant.

Personnellement, je n'aime guère les mondanités et les réunions d'admirateurs. Il me sera toutefois impossible de me dérober à une petite cérémonie organisée en mon honneur quelque deux semaines plus tard, à Hawaï. J'étais venue donner une conférence à Honolulu, et je devais reprendre l'avion le soir même pour Chicago. Mais, en sortant de la salle, je suis tombée sur des anciens de Shanti Nilaya qui m'ont invitée à partager leur repas, un dîner à la fortune du pot, où chacun amène un plat... Comment me serais-je doutée, alors, que l'instigatrice de cette petite soirée n'était autre que la vieille dame en question, que la soirée se déroulerait chez elle, dans une grande maison, que nous serions accueillis, suivant la tradition, par un collier de fleurs, et qu'on avait organisé en fait un véritable pèlerinage réunissant tous les habitants de l'archipel qui étaient un jour venus à Shanti Nilaya, dont les grands malades, les quadriplégiques et les handicapés ?...

Devant tout ce petit monde, notre amie fera son entrée, radieuse, vêtue d'un kimono de soie blanche imprimé de coquelicots, et paraissant vingt ans de moins que la dernière fois. Les retrouvailles donneront lieu à de grandes effusions. Arrivée à ma hauteur, elle allumera une cigarette et elle me la tendra avec un petit sourire espiègle... Prononçant ensuite quelques mots de bienvenue, elle nous expliquera qu'il s'agissait dans son esprit de voir si demeurait intact l'esprit d'amour et de charité né à Shanti Nilaya — autrement dit, si après tout ce temps nous allions tomber dans les bras les uns des autres...

Elle aura juste le temps de savourer une dernière cigarette, puis de nous inviter à prendre place à table. « Voilà une dernière leçon apprise... Asseyons-nous et mangeons. Je me sens si lasse... » balbutiera-t-elle en s'effondrant. Nous la transporterons aussitôt dans sa chambre et nous la veillerons en chantant. L'équipe des urgences sera d'ailleurs si impressionnée par la ferveur et le recueillement qui régnaient dans la pièce qu'elle se joindra à nous, et qu'on emmènera en chantant notre amie dans l'ambulance...

Elle mourra peu après, sans avoir repris connaissance. Une sortie d'éclat, pour une vieille dame venue à l'origine à Shanti Nilaya « parce qu'elle ne pouvait décemment pas gaspiller un cadeau de Noël aussi coûteux... » !

Elle s'éteindra bercée d'amour et de musique...

J'ai surtout parlé dans ce livre, il faut bien le reconnaître, du travail que chacun effectue sur lui-même tout au long de ces cinq jours, mais je n'ai pratiquement rien dit de ce qui se passe le vendredi quand, au-delà de la peur et de l'angoisse, règne entre nous une merveilleuse complicité.

Le moment est alors venu pour tout le monde de s'interroger, sereinement et en toute franchise, sur ce malin plaisir qu'on éprouve en général à se compliquer l'existence et à transformer en calvaire ce qui devrait être un miracle permanent. Me fondant sur certaines de mes expériences mystiques, j'explique que nous pouvons à la fois suivre concrètement nos progrès tant sur le plan physique que spirituel (et non pas seulement former des vœux pieux), avoir la preuve que la vie se poursuit après la mort, et d'abord et avant tout prendre conscience du chemin à parcourir et des obligations qui nous incombent ici-bas — dont celle d'aimer notre prochain comme nous-mêmes, d'un amour pur et désintéressé.

Il ne me reste plus qu'à remercier tous ceux qui m'ont autorisée à reproduire ici leurs lettres, à travers lesquelles on peut réellement juger des progrès accomplis.

J'exprime aussi ma gratitude aux milliers de gens qui, de par le monde, ont participé à l'un de ces ateliers, car ils ont tous été, à leur niveau, mon maître et mon guide ; ils m'ont tous énormément apporté et ils ont tous beaucoup reçu, confirmant, si besoin était, la règle selon laquelle il ne saurait y avoir de bien véritable qui ne soit partagé...

L'un de mes confrères et amis, Jerry Jampolsky, a consacré un ouvrage à ces ateliers, *Love is letting go of fear* (« L'Amour plus fort que la peur »). Je ne saurais trop en recommander la lecture à tous ceux qui œuvrent dans cette direction. Comme je ne cesse de le répéter, nos deux grands ennemis ici-bas sont la peur et le sentiment de culpabilité. Il dépend donc de nous seuls que la vie soit un paradis, ou bien une vallée de larmes. La vie est grande, et simple, et belle. A quoi bon s'évertuer à la gagner, si on ne sait pas qu'en faire ? Pourquoi attendre d'être atteint d'un mal incurable pour se remettre en question ? Pourquoi ne pas régler tout de suite ce qui ne va pas ? Pourquoi se sacrifier systématiquement aux autres, sans jamais oser profiter soi-même de l'existence ? Pourquoi bouder ce trésor merveilleux ?

Ces ateliers apportent un premier élément de réponse. Il appartient ensuite à chacun de poursuivre sur la voie tracée, comme l'a si bien dit Khalil Gibran dans *Le Prophète* :

«... mais je vous dis que, lorsque vous travaillez, vous accomplissez la partie du rêve le plus lointain de la terre, qui vous fut attribué quand naquit ce rêve,
Et en vous gardant à l'œuvre, vous êtes dans la vérité de l'amour de la vie...
On vous a dit que l'existence est obscure, et, dans votre lassitude, vous vous faites l'écho de ce qui a été dit par les lassés.
Et je dis que la vie est vraiment faite d'obscurité sauf lorsqu'il y a envie de faire,
et toute envie de faire est aveugle sans savoir-faire,
et tout savoir-faire est vain sans travail,
et tout travail est vide sans amour.
Et travailler avec amour revient à se relier à soi-même et à Dieu.
Et qu'est-ce que travailler avec amour?
C'est tisser un vêtement avec des fils tirés de votre cœur comme si votre bien-aimé devait porter cet habit.
C'est construire une maison avec affection, comme si votre bien-aimé devait habiter cette demeure.
C'est semer des semences avec tendresse et moissonner la récolte avec joie, comme si votre bien-aimé devait en manger.
C'est déposer en toutes choses que vous façonnez un souffle de votre propre esprit, et savoir que tous les morts bénis se tiennent auprès de vous et regardent...

Khalil Gibran

(*Le Prophète.* Traduction de Marc de Smedt)

Merci de m'avoir accompagnée tout au long de ces pages. Vous êtes pour moi une bénédiction.

Elizabeth Kübler-Ross

Table des matières

Cet ouvrage a été réalisé par la
SOCIÉTÉ NOUVELLE FIRMIN-DIDOT
Mesnil-sur-l'Estrée
pour le compte des Éditions du Rocher
en octobre 1990

Imprimé en France
Dépôt légal : octobre 1990
N° d'édition : CNE Section commerce et industrie Monaco 19023
N° d'impression : 16074